W0355887

Vorwort

Liebe Kolleginnen und Kollegen,

dieses Heft bietet Arbeitsblätter zu **Basiskompetenzen** des Faches. Die Materialien sind **direkt einsetzbar** und als **Soforthilfe** angelegt.

- Zunächst werden die Schülerinnen und Schüler dort abgeholt, wo sie stehen. Unter der Überschrift **„Problem“** wird dargestellt, wo es bei ihnen oft „hakt“. Die jeweilige fachliche Schwierigkeit wird kurz eingeordnet.

- Anschließend erhalten die Schülerinnen und Schüler unter der Überschrift **„Lösung“** in kompakter Form das **Regelwissen**, das sie benötigen, um die jeweiligen fachlichen Herausforderungen zu bewältigen, bzw. einen Ausblick auf sonstige **Bewältigungsmöglichkeiten**.

- Im Zentrum des Arbeitsblattes stehen unter der Überschrift **„Training“** dann **gezielte Übungen** zu dem angesprochenen Sachverhalt.

- Das Lösungsblatt bietet nicht nur die **Lösungen**, sondern auch **Verstehenshilfen**, damit die Schülerinnen und Schüler nachvollziehen können, wie es zu der jeweiligen Lösung gekommen ist. Hinzu kommen weiterführende **„Infos“** und **„Hinweise“**, die als Zusätze besonders im leistungsdifferenzierten Unterricht eingesetzt werden können.

Die Schülerinnen und Schüler erhalten so Anregungen, Sachverhalte gezielt, schnell und gründlich zu begreifen und anzuwenden. Bei besonderem Übungsbedarf wurden kleine Serien von Arbeitsblättern entwickelt; in diesem Fall wurde bei einzelnen Folgeblättern auf die erneute Darstellung der Verstehensprobleme und des Regelwissens verzichtet, um den Platz für zusätzliche Übungen zu nutzen.

Die Materialien trainieren **Basiskompetenzen**, die Schülerinnen und Schülern oft auch noch mehrere Jahre nach der Ersteinführung im Unterricht Probleme bereiten können. Daher können die Arbeitsblätter **jahrgangs-** und auch **stufenübergreifend** in den Sekundarstufen I und II der verschiedenen Schulformen eingesetzt werden. Ein **Navigator** in der Kopfleiste der Arbeitsblätter informiert darüber, wann diese verwendet werden können und welche Herausforderungen sie für die Schülerinnen und Schüler in verschiedenen Schulstufen jeweils darstellen:

U	M	O
3	2	1

U = Unterstufe
M = Mittelstufe
O = Oberstufe

leer = noch nicht eingeführt
3 = schwierig für diese Stufe
2 = mittlerer Schwierigkeitsgrad
1 = leicht

Diese Zuordnung erlaubt es, mit den Materialien nicht nur eher leistungsschwächere Schülerinnen und Schüler zu **fördern**, also entstandene Kompetenzlücken zu schließen, sondern auch leistungsstärkere in einem **leistungsdifferenzierten Unterricht** individuell zu **fordern** und ihre fachlichen Basiskompetenzen weiter aufzubauen. Die Materialien sind also **flexibel einsetzbar**.

b. w. →

Vorwort

- **individuelle Förderung im regulären Unterricht** (nach einer individuellen Diagnostik, z. B. nach einer Klassenarbeit)
- **leistungsdifferenzierter Unterricht** in heterogenen Lerngruppen
- **Förderstunden**
- **Hausarbeit** (zur gezielten Aufarbeitung von Kompetenzlücken)
- **Fordern leistungsstarker Schülerinnen und Schüler** (neue Themen können selbstständig erarbeitet und in Form von **Referaten** oder z. B. nach dem Prinzip **„Der Schüler als Lehrer/Lernen durch Lehren“** den Mitschülern vermittelt werden)

In solchen Verwendungssituationen können die Arbeitsblätter **einzeln** bzw. in **kleinen Serien** eingesetzt werden. Natürlich können die Materialien insgesamt auch als Grundlage für eine oder mehrere Stationen im Rahmen eines **Stationenlernens** dienen. Ebenso lassen sich die Module als Materialien in der **Freiarbeit** verwenden.

Insgesamt bietet die Soforthilfe einen **systematischen Zugriff** auf ein ganzes fachliches Lernfeld; die Arbeitsblätter dieses Bandes erschließen den Bereich **Ausdruck und Stil in Deutsch**.

Gerd Brenner, Jeannette Deckers

Name: Klasse: Datum:

U	M	O
3	2	1

Verwechselbare Wörter: *anders* und *verschieden*

Problem

Sind die beiden Bäume *anders* oder *verschieden*? Manche Wörter bedeuten scheinbar das Gleiche, ihre Bedeutung ist jedoch verschieden. Wie kann man solche Wörter auseinanderhalten?

Lösung

Diese verwechselbaren Wörter werden nach logischen Gesichtspunkten unterschieden:

Wort	**Bedeutung**	**grammatische Verwendung**
anders	eine Andersartigkeit wird hervorgehoben	steht bei Verben (Adverb)
andere/-r/-s	eine Andersartigkeit wird hervorgehoben	steht bei Nomen (Adjektiv)
verschieden	Unterschiede werden festgestellt	kann vor Nomen stehen (Adjektiv)

Training

1. Setze in die folgenden kurzen Texte entweder *anders* oder *verschieden* ein.

a. Die beiden ersten Bäume sind hoch gewachsen. Der dritte ist anders. Er hat ein flaches Blätterdach.

b. Die drei Bäume sind verschieden. Der erste ist schmal gewachsen, der zweite ist etwas breiter und der dritte hat eine ganz breite Krone.

2. Streiche die nicht passenden Wörter durch.

a. Die Reichweiten von Elektroautos und Benzinern sind ~~*anders*~~/*verschieden*.

b. Meine Mutter hat meist eine *andere*/~~*verschiedene*~~ Meinung.

c. Das ist mal etwas ganz ~~*anderes*~~/*Anderes*/~~*Verschiedenes*~~.

d. Dieses Problem muss *anders*/~~*verschieden*~~ gelöst werden.

e. Die Leute berichten von einem Unfall manchmal sehr ~~*anders*~~/*verschieden*.

f. Die Versionen a, b und c sind ~~*anders*~~/*verschieden*.

g. Die Aussagen im ersten, zweiten und dritten Zitat sind ähnlich. Das vierte Zitat ist hingegen deutlich *anders*/*verschieden*.

h. Hier habe ich nichts gefunden. Wir müssen wohl in *anderen*/~~*verschiedenen*~~ Wörterbüchern nachschlagen.

Name: Klasse: Datum:

U	M	O
3	2	1

Verwechselbare Wörter: *anders* und *verschieden*

Lösungen

1. a. Die beiden ersten Bäume sind hoch gewachsen. Der dritte ist **anders**. Er hat ein flaches Blätterdach. (Gemeint ist, dass *ein Baum* eine andere Form aufweist als *die beiden anderen Bäume*.)

   b. Die drei Bäume sind **verschieden**. Der erste ist schmal gewachsen, der zweite ist etwas breiter und der dritte hat eine ganz breite Krone. (*Unterschiede zwischen allen* betrachteten Bäumen sind gemeint.)

2. a. Die Reichweiten von Elektroautos und Benzinern sind ~~*anders*~~*/verschieden*. (Hier werden Unterschiede zwischen zwei Autotypen festgestellt; *anders* würde man verwenden, wenn die Andersartigkeit von Elektroautos und Benzinern gegenüber einem dritten Autotyp ausgedrückt werden sollte.)

   b. Meine Mutter hat meist eine *andere/*~~*verschiedene*~~ Meinung. (Hier wird ausgedrückt, dass die Meinung der Mutter von der des Kindes abweicht.)

   c. Das ist mal etwas ganz *anderes/Anderes/*~~*Verschiedenes*~~. (Das Wort *anderes* wird kleingeschrieben, aber bei Substantivierung kann es auch großgeschrieben werden. Daher sind hier beide Schreibweisen richtig.)

   d. Dieses Problem muss *anders/*~~*verschieden*~~ gelöst werden. (Hier wird eine Lösung verworfen und eine weitere/andere bevorzugt.)

   e. Die Leute berichten von einem Unfall manchmal sehr ~~*anders*~~*/verschieden*. (Hier wird ausgesagt, dass es Unterschiede zwischen mehreren Darstellungen gibt.)

   f. Die Versionen a, b und c sind ~~*anders*~~*/verschieden*. (Hier werden Unterschiede zwischen drei Versionen festgestellt; *anders* könnte verwendet werden, wenn sich die Lösungen a, b und c von einer weiteren Lösung d unterscheiden würden; eine solche Aussage soll hier – anders als im folgenden Satz g – aber nicht getroffen werden.)

   g. Die Aussagen im ersten, zweiten und dritten Zitat sind ähnlich. Das vierte Zitat ist hingegen deutlich *anders/*~~*verschieden*~~.

   h. Hier habe ich nichts gefunden. Wir müssen wohl in *anderen/*~~*verschiedenen*~~ Wörterbüchern nachschlagen. (Hier wird nach einer Alternative, einer weiteren/anderen Lösungsmöglichkeit gesucht.)

Name: Klasse: Datum:

U	M	O
3	3	2

Verwechselbare Wörter: *anscheinend*, *vermeintlich*, *scheinbar*

Problem

Heißt es *anscheinend* oder *scheinbar*? Manche Wörter bedeuten scheinbar das Gleiche, ihre Bedeutung ist jedoch verschieden. Wie kann man solche Wörter voneinander unterscheiden?

Lösung

Diese verwechselbaren Wörter werden nach logischen Gesichtspunkten unterschieden:

Wort	**Bedeutung**	**grammatische Verwendung**
anscheinend	Vermutung (man ist sich nicht sicher)	steht **nie** vor Nomen, sondern bei Verben (Adverb)
vermeintlich/mutmaßlich	Vermutung (man ist sich nicht sicher)	kann vor Nomen stehen (Adjektiv)
scheinbar	Täuschung (in Wirklichkeit ganz anders)	kann vor Nomen stehen (Adjektiv)

Anscheinend kann als Adverb nicht dekliniert werden (mit einer Endung versehen werden). Man kann nicht sagen: „Das ist eine *anscheinende* Lösung." Richtig heißt es: „Das ist eine *vermeintliche* Lösung."

Training

1. Setze in die folgenden Sätze entweder *anscheinend*, *vermeintlich/mutmaßlich* oder *scheinbar* ein.

   a. Der Vermeintlich/mutmaßlich Täter wird dem Haftrichter vorgeführt.

   b. Sie hatten anscheinend vergessen, die Tür abzuschließen.

   c. Er ist der ________________ Dieb.

   d. Er ist mit den Gedanken abwesend und hört nur ________________ zu.

   e. Die ________________ Unfallursache waren defekte Bremsen.

   f. Das Licht der Sterne entsteht ________________ in dem Moment, in dem wir sie sehen.

   g. ________________ hat der Schüler die Regel jetzt verstanden.

2. Streiche in den folgenden Sätzen das jeweils falsche Wort durch.

   a. Das ist die *anscheinende/vermeintliche* Grabstätte des Pharaos.

   b. Der Patient hatte sich *anscheinend/scheinbar* erholt.

   c. Er war *anscheinend/scheinbar* krank, eigentlich wollte er die Klassenarbeit nicht mitschreiben.

   d. Er verursachte einen Unfall; *anscheinend/scheinbar* war er zu müde gewesen.

   e. Die *anscheinende/mutmaßliche* Ursache für seine Magenverstimmung war ein verdorbener Salat.

   f. Die Regierung hatte *anscheinend/scheinbar* von einem ausländischen Geheimdienst einen wichtigen Hinweis erhalten.

Name: Klasse: Datum:

U	M	O
3	3	2

Verwechselbare Wörter: *anscheinend, vermeintlich, scheinbar*

Lösungen

1. a. Der **mutmaßliche/vermeintliche** Täter wird dem Haftrichter vorgeführt. (Hier ist man nicht sicher, ob er wirklich der Täter ist.)
   b. Sie hatten **ansscheinend** vergessen, die Tür abzuschließen. (Hier ist man nicht sicher, ob diese Vermutung zutrifft.)
   c. Er ist der **mutmaßliche/vermeintliche** Dieb. (Hier ist man nicht sicher, ob er wirklich der Dieb ist.)
   d. Er ist mit den Gedanken abwesend und hört nur **scheinbar** zu. (In Wirklichkeit hört er gar nicht zu; es sieht nur so aus.)
   e. Die **mutmaßliche/vermeintliche** Unfallursache waren defekte Bremsen. (Hier ist man nicht sicher, ob wirklich die Bremsen die Unfallursache waren.)
   f. Das Licht der Sterne entsteht **scheinbar** in dem Moment, in dem wir sie sehen. (Tatsächlich ist das Licht schon viel früher entstanden.)
   g. **Anscheinend** hat der Schüler die Regel jetzt verstanden. (Hier ist man nicht sicher, ob diese Vermutung zutrifft.)

2. a. Das ist die *~~anscheinende~~/vermeintliche* Grabstätte des Pharaos. (Das Wort *anscheinend* kann kein Adjektiv sein.)
   b. Der Patient hatte sich *anscheinend/~~scheinbar~~* erholt. (Es ist eine Vermutung.)
   c. Er war *~~anscheinend~~/scheinbar* krank, eigentlich wollte er die Klassenarbeit nicht mitschreiben. (Es handelt sich um eine Täuschung.)
   d. Er verursachte einen Unfall; *anscheinend/~~scheinbar~~* war er zu müde gewesen. (Es ist eine Vermutung.)
   e. Die *~~anscheinende~~/mutmaßliche* Ursache für seine Magenverstimmung war ein verdorbener Salat. (Das Wort *anscheinend* kann kein Adjektiv sein.)
   f. Die Regierung hatte *anscheinend/~~scheinbar~~* von einem ausländischen Geheimdienst einen wichtigen Hinweis erhalten. (Vermutung, keine Täuschung.)

Hinweis

Adjektive wie *scheinbar*, *vermeintlich* und *verschieden*, die vor Nomen verwendet werden können, kommen in anderen Fällen auch in Verbindung mit Verben vor. Diese Adjektive haben die Funktion einer adverbialen Bestimmung. Beispiel:

Scheinbar dreht sich die Sonne um die Erde.

↑	↖
Adjektiv, das als adverbiale Bestimmung verwendet wird.	Verb, auf das sich *scheinbar* bezieht.

Ausgesagt wird, dass das Sichdrehen der Sonne um die Erde nicht der Wirklichkeit entspricht, es handelt sich um eine Täuschung unserer Wahrnehmung.

Name: Klasse: Datum:

U	M	O
3	2	1

Verwechselbare Wörter: *hinein* und *herein* (I)

Problem

Geht man in ein Haus *hinein* oder *herein*? Wie entscheidet man, was hier richtig ist und was falsch? Auch andere Zusammensetzungen mit *hin-* und *her-* wie *hinüber* oder *herüber* werden oft verwechselt.

Lösung

Diese verwechselbaren Wörter werden nach logischen Gesichtspunkten unterschieden. Es kommt auf den Standpunkt an, von dem aus etwas gesehen wird. Im folgenden Beispiel geht jemand von seinem bisherigen Standpunkt weg und zu einem neuen Ziel ***hin***:

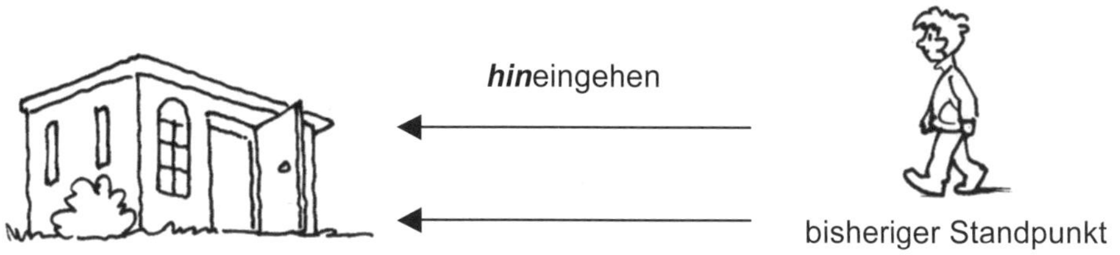

Nähert sich dagegen jemand dem Standpunkt des Betrachters, dann kommt er ***her***:

Training

1. Bei vielen Verben passt je nach Situation entweder die *hin-* oder die *her*-Logik. Füge eines dieser Adverbien in jeden Satz ein.

   a. Die Frau steht am Fenster und fordert ihren Sohn auf, sofort ins Haus ___her___einzukommen.

   b. Sie wartet am Fuß des Berges und beobachtet, wie er die steile Wand ___hin___aufklettert.

   c. Er rannte zum Ufer und forderte die Leute am anderen Ufer auf, zu ihm ___her___überzuschwimmen.

   d. Er ging in das Labyrinth ___hin___ein und kam erst nach vielen Stunden wieder ___her___aus. Sie blieb so lange draußen.

   e. Sie bat den Gastgeber, ihr die Butter ___her___überzureichen.

   f. Ich lag im Gras und sah, wie das Eichhörnchen den Stamm ___hin___unterlief.

   g. Die DLRG-Aufsicht beobachtete, wie der Mann weit aufs Meer ___hin___ausschwamm.

   h. Der Vater sah vom Fenster aus, dass der kleine Junge in den Swimmingpool ______einfiel.

   i. Zwei Spieler waren dagegen, dass Peter in die Mannschaft ______einkam.

   j. Vom Haus gegenüber konnte sie sehen, wie der Einbrecher sich durch ein Fenster in das gegenüberliegende Haus ______einzwängte.

Name: Klasse: Datum:

U	M	O
3	2	1

Verwechselbare Wörter: *hinein* und *herein* (I)

Lösungen

1. a. Die Frau steht am Fenster und fordert ihren Sohn auf, sofort ins Haus **her**einzukommen. (Der Sohn nähert sich der Frau.)
   b. Sie wartet am Fuß des Berges und beobachtet, wie er die steile Wand **hin**aufklettert. (Er entfernt sich von ihr.)
   c. Er rannte zum Ufer und forderte die Leute am anderen Ufer auf, zu ihm **her**überzuschwimmen. (Die Leute nähern sich dem Betrachter.)
   d. Er ging in das Labyrinth **hin**ein und kam erst nach vielen Stunden wieder **her**aus. Sie blieb so lange draußen. (Er bewegt sich zunächst von der Frau weg, anschließend nähert er sich ihr wieder.)
   e. Sie bat den Gastgeber, ihr die Butter **her**überzureichen. (Die Butter wird näher an sie herangereicht.)
   f. Ich lag im Gras und sah, wie das Eichhörnchen den Stamm **her**unterlief. (Das Eichhörnchen nähert sich dem Betrachter.)
   g. Die DLRG-Aufsicht beobachtete, wie der Mann weit aufs Meer **hin**ausschwamm. (Der Mann entfernt sich vom Strand.)
   h. Der Vater sah vom Fenster aus, dass der kleine Junge in den Swimmingpool **hin**einfiel. (Der Junge entfernt sich von dem Vater.)
   i. Zwei Spieler waren dagegen, dass Peter in die Mannschaft **her**einkam. (Die Spieler waren dagegen, dass sich Peter ihnen nähert, sprich Teil ihrer Mannschaft wird.)
   j. Vom Haus gegenüber konnte sie sehen, wie der Einbrecher sich durch ein Fenster in das gegenüberliegende Haus **hin**einzwängte. (Der Einbrecher bewegt sich von der Betrachterin weg, sodass er nicht mehr zu sehen ist.)

Hinweis

Um die *hin-* oder *her*-Logik, die in einer Aussage steckt, besser zu erkennen, kannst du dir die jeweilige Aussage vorstellen und deine Hand dabei probeweise **in Richtung Körper** (= *her*) und **vom Körper weg** (= *hin*) bewegen. Damit unterstützt du dein räumliches Vorstellungsvermögen.

Name: Klasse: Datum:

U	M	O
3	2	1

Verwechselbare Wörter: *hinein* und *herein* (II)

Training

1. Markiere für die folgenden vier Sätze den Standort des Betrachters mit einem Kreuz.

   a. Er hat den Ball *herüber*geschossen.

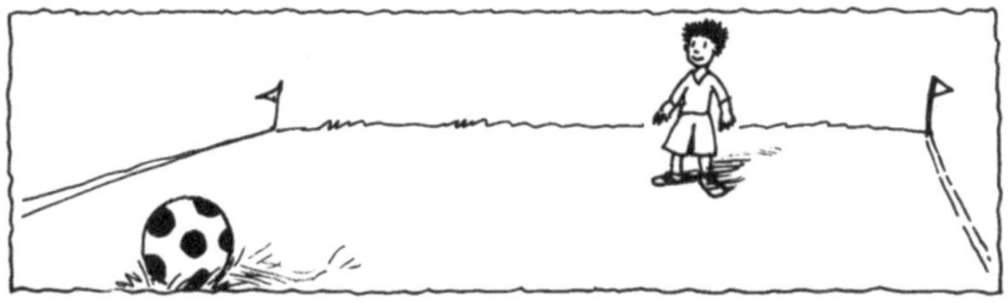

   b. Ich habe den Ball in die Scheibe *hinein*geschossen.

   c. Das Kind fiel die Treppe *hinunter*.

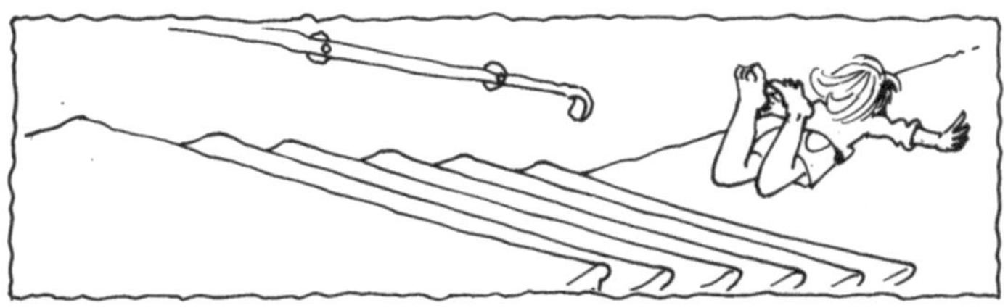

   d. Mein Freund raste die Treppe *herunter*.

2. Zeichne eine Skizze zu dem Satz: „Sie kommt über die Straße *herüber*.“

Name: Klasse: Datum:

U	M	O
3	2	1

Verwechselbare Wörter: *hinein* und *herein* (II)

Lösungen

1. a. Er hat den Ball *herüber*geschossen.

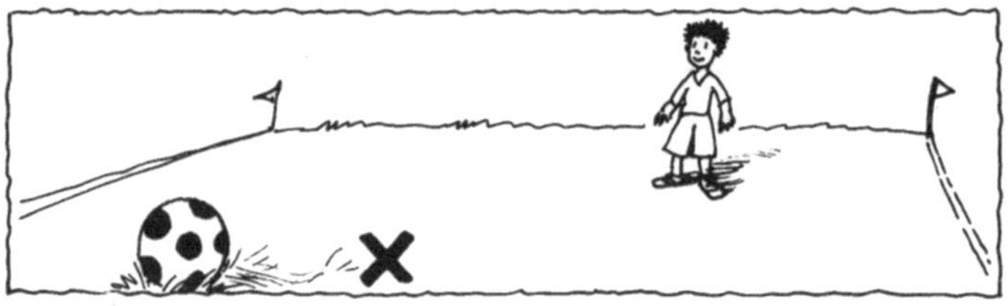

b. Ich habe den Ball in die Scheibe *hinein*geschossen.

c. Das Kind fiel die Treppe *hinunter*.

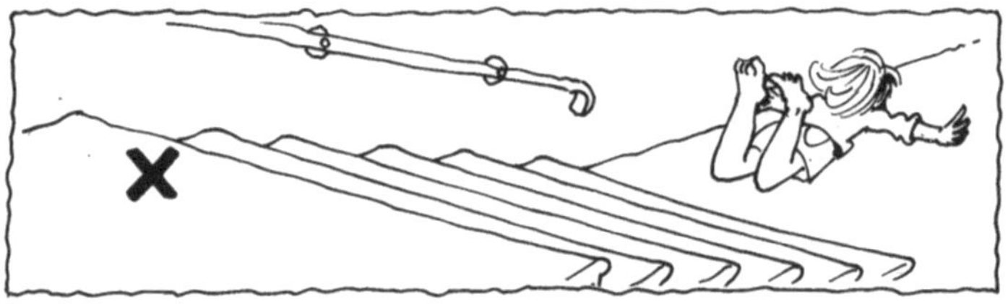

d. Mein Freund raste die Treppe *herunter*.

2. Zeichne eine Skizze zu dem Satz: „Sie kommt über die Straße *herüber*."

Name: Klasse: Datum:

U	M	O
	3	2

Verwechselbare Wörter: *rational* und *rationell* usw.

Problem

Ähnlich klingende Fremdwörter wie *rational* und *rationell* werden häufig verwechselt. Dabei bezeichnen sie durchaus unterschiedliche Sachverhalte. Das Gleiche gilt für Ausdrücke wie *lesbar* und *leserlich*.

Lösung

Die Auswahl des korrekten Wortes muss aus dem Satzzusammenhang heraus entschieden werden. Dabei gilt:

psychisch: seelisch-geistiger Zustand	↔	*psychologisch*: dessen wissenschaftliche Betrachtung
sozial: mehrere Menschen betreffend	↔	*soziologisch*: dessen wissenschaftliche Betrachtung
rational: vernünftig, nicht emotional	↔	*rationell*: wirtschaftlich, zweckmäßig
different: verschieden	↔	*differenziert*: aufgegliedert, vielschichtig
formal: die Form betreffend	↔	*formell*: förmlich, unpersönlich
lesbar: verständlich	↔	*leserlich*: entzifferbar
dreimonatig: drei Monate lang (Dauer)	↔	*dreimonatlich*: alle drei Monate (zeitlicher Rhythmus)

Training

1. Setze jeweils eines der oben aufgeführten Wörter in die Lücken ein.
   a. Sozialarbeiter müssen die ________________ Verhältnisse ihrer Klienten genau beachten.
   b. Weil der Betrieb nicht mehr ________________ produzierte, wurde er insolvent.
   c. Der Butler behandelte die Gäste des Hauses sehr ________________.
   d. Seine Schrift war in der Oberstufe nicht mehr sehr ________________.
   e. Sie brachen zu einer zwei________________ Weltreise auf.
   f. Die Wissenschaftlerin unterzog die Einkommensverhältnisse einer differenzierten ________________ Analyse.
   g. Sie schrie laut und war nicht mehr in der Lage zu einer ________________ Äußerung.
   h. Das Problem erfordert eine sehr ________________ Betrachtung.

2. Streiche in den folgenden Sätzen das jeweils unpassende Wort durch.
   a. Offensichtlich war er *psychisch/psychologisch* sehr in die Enge getrieben worden.
   b. Dieser Roman ist meiner Meinung nach gut *lesbar/leserlich*.
   c. Er äußert sich sehr *different/differenziert*.
   d. Das Protokoll entsprach nicht den *formalen/formellen* Anforderungen.
   e. Diese wissenschaftliche Zeitschrift erscheint *zweimonatig/zweimonatlich*.
   f. Die *soziale/soziologische* Analyse hat ergeben, dass die Altersarmut in Deutschland zunimmt.
   g. Nach dem Unfall war der *psychische/psychologische* Zustand des Zugfahrers besorgniserregend.
   h. In der Politik sind die Auseinandersetzungen nicht immer nur *rational/rationell*.

Name: Klasse: Datum:

U	M	O
	3	2

Verwechselbare Wörter: *rational* und *rationell* usw.

1. a. Sozialarbeiter müssen die **sozialen** Verhältnisse ihrer Klienten genau beachten.
   b. Weil der Betrieb nicht mehr **rationell** produzierte, wurde er insolvent.
   c. Der Butler behandelte die Gäste des Hauses sehr **formell**.
   d. Seine Schrift war in der Oberstufe nicht mehr sehr **leserlich**.
   e. Sie brachen zu einer zwei**monatigen** Weltreise auf.
   f. Die Wissenschaftlerin unterzog die Einkommensverhältnisse einer differenzierten **soziologischen** Analyse.
   g. Sie schrie laut und war nicht mehr in der Lage zu einer **rationalen** Äußerung.
   h. Das Problem erfordert eine sehr **differenzierte** Betrachtung.

2. a. Offensichtlich war er *psychisch*/~~*psychologisch*~~ sehr in die Enge getrieben worden.
   b. Dieser Roman ist meiner Meinung nach gut *lesbar*/~~*leserlich*~~.
   c. Er äußert sich sehr ~~*different*~~/*differenziert*.
   d. Das Protokoll entsprach nicht den *formalen*/~~*formellen*~~ Anforderungen.
   e. Diese wissenschaftliche Zeitschrift erscheint ~~*zweimonatig*~~/*zweimonatlich*.
   f. Die ~~*soziale*~~/*soziologische* Analyse hat ergeben, dass die Altersarmut in Deutschland zunimmt.
   g. Nach dem Unfall war der *psychische*/~~*psychologische*~~ Zustand des Zugfahrers besorgniserregend.
   h. In der Politik sind die Auseinandersetzungen nicht immer nur *rational*/~~*rationell*~~.

Name: Klasse: Datum:

U	M	O
3	2	1

Verwechselbare Wörter: *Mine* und *Miene* usw.

Problem

Gute *Mine* oder *Miene* zum bösen Spiel? Viele Schreibfehler treten deswegen auf, weil ähnlich oder gleich klingende Wörter mit unterschiedlichen Bedeutungen miteinander verwechselt werden.

Lösung

Die richtige Schreibung muss aus dem Verwendungszusammenhang erschlossen werden:

verwendet	Partizip zu dem Verb verwenden (auch die Form *verwandt* ist möglich)
verwandt	Adjektiv zu dem Nomen *Verwandtschaft*
wart	2. Person Plural Präteritum von *sein*
ward	Präteritum von *werden* (veraltete Form)
Mine	Kugelschreibereinlage, Gang in einem Bergwerk, Sprengkörper
Miene	Gesichtsausdruck
man	unbestimmtes Pronomen
Mann	erwachsenes männliches Wesen
Standard	Maßstab, Norm
Standarte	kleine Fahne, Hoheitszeichen
wider	entgegen, zurück etc.
wieder	noch einmal
Wort/Wörter	einzelne Wörter
Wort/Worte	in der gehobenen Sprache Ausdruck für eine komplette Aussage
lang	Adjektiv; räumliche Ausdehnung
lange	Adverb; Zeitraum

Training

1. Streiche die falsche Form durch.

   a. Ihr *ward/wart* gestern sehr lange unterwegs.

   b. Er hat das Lexikon nicht *verwendet/verwandt*.

   c. Er machte gute *Mine/Miene* zu bösem Spiel.

   d. Hierfür gibt es keine *Standardlösung/Standartlösung*.

   e. Diese Aussage des Zeugen konnte nicht *wiederlegt/widerlegt* werden.

   f. *Man/Mann* kann das nicht genau wissen.

   g. Zu Beginn der Veranstaltung sprach der Vereinsvorsitzende ein paar *Worte/Wörter*.

2. Setze aus der Wörterliste im Kasten das richtige Wort ein.

   a. Der Kaiser ________________ seit ein paar Tagen nicht mehr gesehen.

   b. Den Weg findet ________________ nicht so schnell.

   c. Bei der Arbeit in der ________________ fehlt den Männern oft das Tageslicht.

   d. Da kannst du mir nicht ________________sprechen.

   e. Der Satz besteht aus fünf ________________ .

   f. Der Zeuge konnte den Ablauf exakt ________________geben.

   g. Sie war sehr ________________ krank.

Name: Klasse: Datum:

U	M	O
3	2	1

Verwechselbare Wörter: *Mine* und *Miene* usw.

Lösungen

1. a. Ihr ~~ward~~/*wart* gestern sehr lange unterwegs. (Präteritum von *sein*)
   b. Er hat das Lexikon nicht *verwendet*/*verwandt*. (beide Formen möglich)
   c. Er machte gute ~~Mine~~/*Miene* zu bösem Spiel. (Gesichtsausdruck)
   d. Hierfür gibt es keine *Standardlösung*/~~Standartlösung~~. (normale Lösung)
   e. Diese Aussage des Zeugen konnte nicht ~~wiederlegt~~/*widerlegt* werden. (Begründung einer gegensätzlichen Position nicht möglich)
   f. *Man*/~~Mann~~ kann das nicht genau wissen. (kein erwachsenes männliches Wesen gemeint; unbestimmtes Pronomen)
   g. Zu Beginn der Veranstaltung sprach der Vereinsvorsitzende ein paar *Worte*/~~Wörter~~. (eine zusammenhängende Aussage gemeint)

2. a. Der Kaiser **ward** seit ein paar Tagen nicht mehr gesehen. (veraltete Form für das Präteritum von *werden*)
   b. Den Weg findet **man** nicht so schnell. (unbestimmtes Pronomen)
   c. Bei der Arbeit in der **Mine** fehlt den Männern oft das Tageslicht. (Gang in einem Bergwerk)
   d. Da kannst du mir nicht **wider**sprechen. (gegensätzliche Meinung)
   e. Der Satz besteht aus fünf **Wörtern**. (zählbare Einzelwörter)
   f. Der Zeuge konnte den Ablauf exakt **wieder**geben. (berichtende Wiederholung des Ablaufs)
   g. Sie war sehr **lange** krank. (Adverb; langer Zeitraum)

Name: Klasse: Datum:

U	M	O
3	2	1

Verwechselbare Wörter: *derselbe* und *der gleiche*, *wie* und *als*

Problem
Haben wir *dasselbe* Fahrrad oder *das gleiche*? Wie unterscheiden man *wie* und *als*?
Die richtige Verwendung dieser Wörter fällt immer wieder schwer.

Lösung
Zur Unterscheidung gelten die folgenden Regeln:

derselbe/dieselbe/dasselbe	Es wird auf etwas **Identisches** Bezug genommen.
der/die/das gleiche	Eine starke **Ähnlichkeit** zwischen **verschiedenen** Dingen/Personen wird festgestellt.
wie	„Er ist so groß *wie* ich." → Eine **Gleichheit** wird festgestellt; das Adjektiv (hier *groß*) steht in der Grundform.
als	„Er ist größer *als* ich." → Eine **Ungleichheit** wird festgestellt; steht ein Adjektiv vor *als* (hier *größer*), dann steht dieses im Komparativ (Vergleichsform).

Training

1. Setze eines der in Klammern angebotenen Wörter in die Sätze ein.

   a. Gestern hatte sie schon ________________ Hose an. (*dieselbe/die gleiche*)

   b. Es gefiel ihr gar nicht, dass er schlauer war ______ sie. (*wie/als*)

   c. Blöder ______ du kann man sich ja wohl gar nicht anstellen! (*wie/als*)

   d. ________________ habe ich auch schon gelesen, allerdings ist mir mein Buch abhandengekommen. (*dasselbe/das gleiche*)

   e. Das war ______________ Mann, der gestern bei uns geklingelt hat. (*derselbe/der gleiche*)

   f. Genau ______________ Sommerkleid hatte sich meine Freundin gestern auch schon gekauft. (*dasselbe/das gleiche*)

   g. Er ist so stark ______ Herkules. (*wie/als*)

   h. Seine Schultasche ist viel größer ______ meine. (*wie/als*)

   i. Die beiden Freundinnen kaufen sich immer Hosen vom ________________ Modell. (*selben/gleichen*)

   j. Die beiden Freundinnen tragen ______________________ Hose. (*dieselbe/die gleiche*)

2. Streiche jeweils das falsche Wort durch.

   a. Das Auto verbraucht mehr Sprit *wie/als* das meines Nachbarn.

   b. Die beiden Halbtags-Sekretärinnen müssen am *selben/gleichen* PC arbeiten, da es nur einen gibt.

   c. *Denselben/Den gleichen* Pullover habe ich gestern in einem anderen Kaufhaus gesehen.

   d. Manchmal geht er ein größeres Risiko ein *wie/als* seine Freunde.

   e. Ich habe mir *denselben/den gleichen* Computer gekauft wie mein Onkel.

   f. Sie hat auf beiden Hochzeiten ihrer Freunde *dasselbe/das gleiche* Kleid getragen.

   g. Er hat auf der Hochzeit *denselben/den gleichen* Anzug wie der Bräutigam getragen.

   h. Ihr Haus war viel teurer *wie/als* unseres.

Name:	Klasse:	Datum:

U	M	O
3	2	1

Verwechselbare Wörter: *derselbe* und *der gleiche*, *wie* und *als*

Lösungen

1. a. Gestern hatte sie schon **dieselbe** Hose an. (Ausgedrückt wird, dass sie die Hose nicht gewechselt hat.)
   b. Es gefiel ihr gar nicht, dass er schlauer war **als** sie. (Voraus geht ein Adjektiv in der Vergleichsform; ein Unterschied wird festgestellt.)
   c. Blöder **als** du kann man sich ja wohl gar nicht anstellen! (Voraus geht ein Adjektiv in der Vergleichsform; ein Unterschied wird festgestellt.)
   d. **Das gleiche** Buch habe ich auch schon gelesen, allerdings ist mir mein Buch abhandengekommen. (Die beiden Bücher sind nicht identisch, sie haben nur denselben Inhalt.)
   e. Das war **derselbe** Mann, der gestern bei uns geklingelt hat. (Der Mann ist identisch mit dem, der am Tag zuvor schon geklingelt hat.)
   f. Genau **das gleiche** Sommerkleid hatte sich meine Freundin gestern auch schon gekauft. (Es handelt sich um ein anderes Kleid vom selben Modell.)
   g. Er ist so stark **wie** Herkules. (Behauptet wird, dass beide gleich stark sind.)
   h. Seine Schultasche ist viel größer **als** meine. (Voraus geht ein Adjektiv in der Vergleichsform; ein Unterschied wird festgestellt.)
   i. Die beiden Freundinnen kaufen sich immer Hosen vom **selben** Modell. (Es handelt sich um zwei verschiedene Hosen, deren Machart identisch ist.)
   j. Die beiden Freundinnen tragen **die gleiche** Hose. (Es können nicht zwei Freundinnen in einer Hose stecken, deswegen sind die Hosen ähnlich und nicht identisch.)

2. a. Das Auto verbraucht mehr Sprit ~~*wie*~~/*als* das meines Nachbarn. (Ungleichheit)
   b. Die beiden Halbtags-Sekretärinnen müssen am *selben*/~~*gleichen*~~ PC arbeiten, da es nur einen gibt. (Identisches)
   c. ~~*Denselben*~~/*Den gleichen* Pullover habe ich gestern in einem anderen Kaufhaus gesehen. (Verschiedenes, obwohl von gleicher Machart)
   d. Manchmal geht er ein größeres Risiko ein ~~*wie*~~/*als* seine Freunde. (Ungleichheit)
   e. Ich habe mir ~~*denselben*~~/*den gleichen* Computer gekauft wie mein Onkel. (Verschiedenes, aber dasselbe Fabrikat)
   f. Sie hat auf beiden Hochzeiten ihrer Freunde *dasselbe*/~~*das gleiche*~~ Kleid getragen. (Identisches)
   g. Er hat auf der Hochzeit ~~*denselben*~~/*den gleichen* Anzug wie der Bräutigam getragen. (zwei verschiedene Anzüge, aber gleiches Fabrikat)
   h. Ihr Haus war viel teurer ~~*wie*~~/*als* unseres. (Ungleichheit)

Info

In der Umgangssprache wird besonders im süddeutschen Raum ein Vergleich oft auch mit *wie* statt *als* gebildet. Beispiel: „Er ist größer *wie* ich."

Name:	Klasse:	Datum:

U	M	O
3	2	1

Verwechselbare Wörter: *legal* und *legitim* usw.

Problem

Ähnlich klingende Fremdwörter wie *legal* und *legitim* können leicht verwechselt werden.

Lösung

Die Entscheidung für eine der im Folgenden aufgeführten Alternativen muss aus dem Satzzusammenhang heraus getroffen werden:

aktuell: zeitgemäß, gegenwartsnah	←→	*akut*: dringend, unvermittelt auftretend
effizient: wirtschaftlich, leistungsfähig	←→	*effektiv*: tatsächlich, wirkungsvoll
elektrisch: Strom benutzend	←→	*elektronisch*: die Elektrotechnik betreffend
human: menschlich, nachsichtig	←→	*humanitär*: wohltätig
legal: dem Gesetz entsprechend	←→	*legitim*: berechtigt, begründet
original: echt, unverfälscht	←→	*originell*: außergewöhnlich
praktisch: in der Praxis, zweckmäßig	←→	*praktikabel*: gut durchführbar
real: wirklich, tatsächlich	←→	*realistisch*: wirklichkeitsnah
ideal: vollkommen, vorbildlich	←→	*idealistisch*: an Ideale glaubend

Training

1. Füge in die folgenden Sätze ein passendes Fremdwort aus dem Kasten ein.

   a. Zum Geburtstag wünscht er sich eine ________________ Eisenbahn.

   b. In der Disco tanzen sie gerne zu ________________ Musik.

   c. Das Spiel ist sehr ________________; ich habe noch nie so etwas gesehen.

   d. ________________ Lübecker Marzipan schmeckt sehr gut.

   e. Der Kinofilm war sehr ________________; einige Szenen sahen aus wie Meldungen aus der Tagesschau.

   f. Er konnte sich mit der ________________ Situation nicht abfinden.

   g. Er verbrachte ein Jahr in Afrika und arbeitete dort in einer ________________ Einrichtung.

   h. Das Verhalten des Lehrers den Schülern gegenüber war stets sehr ________________.

2. Streiche in den folgenden Sätzen das jeweils unpassende Wort durch.

   a. Die Fabrik in unserer Stadt ist in der Produktion *effektiver/effizienter* als der Standort im Süden.

   b. Die neue Schutzhülle ist ein sehr *effektiver/effizienter* Schutz gegen Regen.

   c. Das Trinken von Alkohol unter 16 Jahren ist nicht *legal/legitim*.

   d. Die Beschwerde beim Direktor war *legal/legitim*.

   e. Während der Schweinegrippe bestand eine *aktuelle/akute* Ansteckungsgefahr.

   f. Aus *aktuellem/akutem* Anlass erschien eine Sonderseite in der Zeitung.

   g. Ich finde deine Idee gut, aber *praktikabel/praktisch* ist sie nicht umzusetzen.

   h. Die Städteplaner suchten für die Umleitung der Straße eine *praktikable/praktische* Lösung.

   i. Sie haben für die Besetzung dieser Filmrolle einen *idealen/idealistischen* Schauspieler gefunden.

   j. Einige Parteimitglieder sind sehr *ideal/idealistisch*.

Name: Klasse: Datum:

U	M	O
3	2	1

Verwechselbare Wörter: *legal* und *legitim* usw.

Lösungen

1. a. Zum Geburtstag wünscht er sich eine **elektrische** Eisenbahn.
   b. In der Disco tanzen sie gerne zu **elektronischer** Musik.
   c. Das Spiel ist sehr **originell**; ich habe noch nie so etwas gesehen.
   d. **Original** Lübecker Marzipan schmeckt sehr gut.
   e. Der Kinofilm war sehr **realistisch**; einige Szenen sahen aus wie Meldungen aus der Tagesschau.
   f. Er konnte sich mit der **realen** Situation nicht abfinden.
   g. Er verbrachte ein Jahr in Afrika und arbeitete dort in einer **humanitären** Einrichtung.
   h. Das Verhalten des Lehrers den Schülern gegenüber war stets sehr **human**.

2. a. Die Fabrik in unserer Stadt ist in der Produktion *~~effektiver~~/effizienter* als der Standort im Süden.
   b. Die neue Schutzhülle ist ein sehr *effektiver/~~effizienter~~* Schutz gegen Regen.
   c. Das Trinken von Alkohol unter 16 Jahren ist nicht *legal/~~legitim~~*.
   d. Die Beschwerde beim Direktor war *~~legal~~/legitim*.
   e. Während der Schweinegrippe bestand eine *~~aktuelle~~/akute* Ansteckungsgefahr.
   f. Aus *aktuellem/~~akutem~~* Anlass erschien eine Sonderseite in der Zeitung.
   g. Ich finde deine Idee gut, aber *~~praktikabel~~/praktisch* ist sie nicht umzusetzen.
   h. Die Städteplaner suchten für die Umleitung der Straße eine *praktikable/~~praktische~~* Lösung.
   i. Sie haben für die Besetzung dieser Filmrolle einen *idealen/~~idealistischen~~* Schauspieler gefunden.
   j. Einige Parteimitglieder sind sehr *~~ideal~~/idealistisch*.

Name: Klasse: Datum:

U	M	O
2	1	1

Häufig verwendete Wörter variieren: *sagen*

Problem

„Die Autorin *sagt* … Die Autorin *sagt* … Dann *sagt* die Autorin …“ Solche Wortwiederholungen findet man in Texten ungeübter Schreiber häufiger.

Lösung

Verbvariationen machen einen Text lebendiger. Hierzu sollte man sich zu Verben, die in Aufsätzen häufig vorkommen, eine Reihe von Synonymen (sinnverwandten Wörtern) aneignen und diese gezielt einsetzen.

Training

1. Verwende Wörter aus dem Wörtervorrat, um den Ausdruck variantenreich zu gestalten.

sagt: führt aus – gibt Hinweise – erklärt – informiert darüber – stellt fest – geht davon aus – macht sich Gedanken darüber – fasst zusammen – argumentiert

Der Text befasst sich mit dem Verhalten von Schülern in den ersten Monaten eines Schuljahres. Der Autor ~~sagt~~ ____________________, dass ein großer Teil der Schülerschaft zunächst gute Vorsätze habe. Er ~~sagt~~ ______________ dann ____________________, dass dieser Elan allerdings bei einigen schnell wieder verfliege. Anschließend ~~sagt~~ ______________________________ er, wie ein solcher Motivationsverlust zustande kommt. Er ~~sagt~~ ______________________________, dass die Motivation der Schüler durch einen methodisch variantenreicheren Unterricht gestützt werden könne. Außerdem ~~sagt~~ ________________ der Verfasser ________________, dass die Vielzahl von Fächern die Aufnahmekapazität mancher Schüler überfordere. Schließlich ~~sagt~~ ________________ der Autor ____________________, wie die Motivationsbasis von Schülern gestärkt werden kann. Als Erstes ~~sagt~~ ____________________ er ____________________, wie Eltern die Arbeitsbereitschaft ihrer Kinder unterstützen können. Daraufhin ~~sagt~~ ____________________ er __________________, welche motivationssteigernde Lernsoftware es gibt. Abschließend ~~sagt~~ __________________ er ____________________, dass Motivationsverluste in der Schule kein Schicksal seien, sondern durch gezielte Maßnahmen vermieden werden könnten.

2. Markiere die Synonyme zu *kritisieren* grün und die Synonyme zu *fordern* rot.

beharren auf	nicht hinnehmen	dringen auf	postulieren
bemängeln	missbilligen	reklamieren	monieren
beanstanden	bestehen auf	verlangen	einklagen

Name: Klasse: Datum:

U	M	O
2	1	1

Häufig verwendete Wörter variieren: *sagen*

Lösungen

1. Der Text befasst sich mit dem Verhalten von Schülern in den ersten Monaten eines Schuljahres. Der Autor ~~*sagt*~~ **führt aus/stellt fest/erklärt**, dass ein großer Teil der Schülerschaft zunächst gute Vorsätze habe. Er ~~*sagt*~~ **führt/stellt** dann **aus/fest**, dass dieser Elan allerdings bei einigen schnell wieder verfliege. Anschließend ~~*sagt*~~ **erklärt** er, wie ein solcher Motivationsverlust zustande kommt. Er ~~*sagt*~~ **argumentiert/ erklärt/führt aus**, dass die Motivation der Schüler durch einen methodisch variantenreicheren Unterricht gestützt werden könne. Außerdem ~~*sagt*~~ **führt/stellt** der Verfasser **aus/fest**, dass die Vielzahl von Fächern die Aufnahmekapazität mancher Schüler überfordere. Schließlich ~~*sagt*~~ **macht** der Autor **sich Gedanken darüber**, wie die Motivationsbasis von Schülern gestärkt werden kann. Als Erstes ~~*sagt*~~ **informiert/gibt/führt** er **darüber/Hinweise/aus**, wie Eltern die Arbeitsbereitschaft ihrer Kinder unterstützen können. Daraufhin ~~*sagt*~~ **informiert** er **darüber**, welche motivationssteigernde Lernsoftware es gibt. Abschließend ~~*sagt*~~ **fasst** er **zusammen**, dass Motivationsverluste in der Schule kein Schicksal seien, sondern durch gezielte Maßnahmen vermieden werden könnten.

2. *kritisieren* (grün): nicht hinnehmen, bemängeln, missbilligen, monieren, beanstanden

   fordern (rot): beharren auf, dringen auf, postulieren, reklamieren, bestehen auf, verlangen, einklagen

Hinweis

Weitere Synonyme für das Verb *sagen* sind:

behaupten	die These vertreten, dass
zum Ausdruck bringen	hervorheben
unterstreichen	darauf aufmerksam machen, dass
erklären	verweisen auf
konstatieren	betonen
hinweisen auf	erwähnen

Name: Klasse: Datum:

U	M	O
2	1	1

Häufig verwendete Wörter variieren: *machen*

Problem
„Er *macht* seine Hausaufgaben. Er *macht* einen Ausflug. Das *macht* Spaß." Oft werden in Texten relativ aussageschwache Standardwörter verwendet.

Lösung
Solche Wörter sollten durch aussagekräftigere Formulierungen ersetzt werden, die Besonderheiten eines Sachverhaltes oder eines Vorgangs mit angeben. Hierzu sollte man sich zu Verben, die in Aufsätzen häufig vorkommen, eine Reihe von Synonymen (sinnverwandten Wörtern) aneignen und diese gezielt einsetzen.

Training

1. Verwende in jedem Satz ein passendes Wort aus dem Wörtervorrat, um den Sachverhalt möglichst ausdrucksstark darzustellen.

machen: anrichten – auslösen – unternehmen – vorbereiten – zeugen – erledigen – herstellen – erzielen

a. Nächstes Jahr ~~machen~~ ________________ wir eine Reise nach Spanien.

b. Gestern hat der Künstler eine Skulptur ~~gemacht~~ ________________.

c. Bevor der Besuch kam, hatte sie ein Buffet ~~gemacht~~ ________________.

d. Die Schüler haben die Aufgabe relativ schnell ~~gemacht~~ ________________.

e. August der Starke hat Dutzende von Kindern ~~gemacht~~ ________________.

f. Die Entscheidung hat sehr großen Ärger ~~gemacht~~ ________________.

g. Als wir nach Hause kamen, hatte sie das Essen schon ~~gemacht~~ ________________.

h. Sie haben in diesem Jahr einen großen Profit ~~gemacht~~. ________________.

2. Ordne den hier beschriebenen Situationen jeweils ein geeignetes Synonym des Verbs *gehen* aus dem Wörtervorrat zu und schreibe das Verb auf die Linie hinter dem Satz.

gehen: spazieren – verlassen – pilgern – schleichen – marschieren – stapfen – abdanken

a. Er *geht* von der Schule. ________________

b. Die Wanderer *gehen* nach Trier. ________________

c. Die Soldaten *gehen* durch das Gelände. ________________

d. Die Väter *gehen* jeden Sonntag mit ihren Säuglingen durch die Felder. ________________

e. Die Kinder *gehen* durch das hohe Gras. ________________

f. Die Einbrecher *gehen* ums Haus herum, um die Lage zu erkunden. ________________

g. Der Bundestrainer wird nach der Saison *gehen*. ________________

Name: Klasse: Datum:

U	M	O
2	1	1

Häufig verwendete Wörter variieren: *machen*

Lösungen

1. a. Nächstes Jahr ~~*machen*~~ **unternehmen** wir eine Reise nach Spanien.
   b. Gestern hat der Künstler eine Skulptur ~~*gemacht*~~ **hergestellt**.
   c. Bevor der Besuch kam, hatte sie ein Buffet ~~*gemacht*~~ **angerichtet**.
   d. Die Schüler haben die Aufgabe relativ schnell ~~*gemacht*~~ **erledigt**.
   e. August der Starke hat Dutzende von Kindern ~~*gemacht*~~ **gezeugt**.
   f. Die Entscheidung hat sehr großen Ärger ~~*gemacht*~~ **ausgelöst**.
   g. Als wir nach Hause kamen, hatte sie das Essen schon ~~*gemacht*~~ **vorbereitet**.
   h. Sie haben in diesem Jahr einen großen Profit ~~*gemacht*~~ **erzielt**.

2. a. Er *geht* von der Schule. **verlassen**
   b. Die Wanderer *gehen* nach Trier. **pilgern**
   c. Die Soldaten *gehen* durch das Gelände. **marschieren**
   d. Die Väter *gehen* jeden Sonntag mit ihren Säuglingen durch die Felder. **spazieren**
   e. Die Kinder *gehen* durch das hohe Gras. **stapfen**
   f. Die Einbrecher *gehen* ums Haus herum, um die Lage zu erkunden. **schleichen**
   g. Der Bundestrainer wird nach der Saison *gehen*. **abdanken**

Name: Klasse: Datum:

U	M	O
2	1	1

Häufig verwendete Wörter variieren: *gut, schlecht, schön*

Problem

„Ein *gutes* Essen. Eine *gute* Lösung. Ein *gutes* Referat.“ Auch Adjektive können sehr eintönig verwendet werden.

Lösung

Für häufig vorkommende Adjektive, die oft nichtssagend wirken, sollte man aussagekräftigere Alternativen suchen.

Training

1. Verwende in jedem Satz ein passendes Wort aus dem Wörtervorrat, um den Sachverhalt möglichst ausdrucksstark darzustellen.

schön: sonnig – erfreulich – gemütlich – geschmackvoll – stimmungsvoll – anziehend – auserlesen – enorm

a. Im Urlaub hatten wir ~~schönes~~ ______________ Wetter.

b. Alle bewunderten ihren ~~schönen~~ ______________ Körper.

c. Das Ergebnis ist sehr ~~schön~~ ______________.

d. Sie saßen in einer sehr ~~schönen~~ ______________ Atmosphäre um den Kamin herum.

e. Das Zimmer war sehr ~~schön~~ ______________ eingerichtet.

f. Der Gastgeber hatte im Keller ~~schöne~~ ______________ Weine.

g. Am Meer sieht man oft einen sehr ~~schönen~~ ______________ Sonnenuntergang.

h. Als sie aus dem Urlaub kamen, waren die Blumen ~~schön~~ ______________ gewachsen.

2. Ordne den hier beschriebenen Situationen jeweils ein geeignetes Synonym der Adjektive *gut* und *schlecht* aus dem Wörtervorrat zu und schreibe es auf die Linie hinter dem Satz.

gut: geeignet – hervorragend – präzise – genießbar – gelungen
schlecht: fehlerhaft – niederträchtig – notdürftig – unübersichtlich

a. Das Buch ist für diese Zwecke *gut*. ______________

b. Er hat nur eine *schlechte* Karte von der Stadt. ______________

c. Das Referat war sehr *gut*. ______________

d. Der Aufsatz war leider ziemlich *schlecht*. ______________

e. Die Linienführung bei ihrer Zeichnung war sehr *gut*. ______________

f. Er hatte einen sehr *schlechten* Charakter. ______________

g. Bei den Bundesjugendspielen erzielte sie ein *gutes* Ergebnis. ______________

h. Das Garagentor war nur *schlecht* repariert worden. ______________

i. Die Lebensmittel waren noch *gut*. ______________

Name:	Klasse:	Datum:

U	M	O
2	1	1

Häufig verwendete Wörter variieren: *gut, schlecht, schön*

Lösungen

1. a. Im Urlaub hatten wir ~~*schönes*~~ **sonniges** Wetter.
   b. Alle bewunderten ihren ~~*schönen*~~ **anziehenden** Körper.
   c. Das Ergebnis ist sehr ~~*schön*~~ **erfreulich**.
   d. Sie saßen in einer sehr ~~*schönen*~~ **gemütlichen** Atmosphäre um den Kamin herum.
   e. Das Zimmer war sehr ~~*schön*~~ **geschmackvoll** eingerichtet.
   f. Der Gastgeber hatte im Keller ~~*schöne*~~ **auserlesene** Weine.
   g. Am Meer sieht man oft einen sehr ~~*schönen*~~ **stimmungsvollen** Sonnenuntergang.
   h. Als sie aus dem Urlaub kamen, waren die Blumen ~~*schön*~~ **enorm** gewachsen.

2. a. Das Buch ist für diese Zwecke *gut*. **geeignet**
   b. Er hat nur eine *schlechte* Karte von der Stadt. **unübersichtlich**
   c. Das Referat war sehr *gut*. **gelungen**
   d. Der Aufsatz war leider ziemlich *schlecht*. **fehlerhaft**
   e. Die Linienführung bei ihrer Zeichnung war sehr *gut*. **präzise**
   f. Er hatte einen sehr *schlechten* Charakter. **niederträchtig**
   g. Bei den Bundesjugendspielen erzielte sie ein *gutes* Ergebnis. **hervorragend**
   h. Das Garagentor war nur *schlecht* repariert worden. **notdürftig**
   i. Die Lebensmittel waren noch *gut*. **genießbar**

Hinweis

Weitere Synonyme für das Adjektiv *gut* sind:

ausgezeichnet
einwandfrei
erstklassig
hochwertig
fähig
kompetent
tüchtig
wirkungsvoll
angenehm
erfreulich
anständig
gutherzig
gütig
redlich
tugendhaft
untadelig

Weitere Synonyme für das Adjektiv *schlecht* sind:

geringwertig
minderwertig
mangelhaft
unzureichend
ungenügend
unzulänglich
kümmerlich
schäbig
stümperhaft
misslich
negativ
schädlich
schlimm
unangenehm
bösartig
garstig
schändlich
verwerflich

Name: Klasse: Datum:

U	M	O
1	1	

Häufig verwendete Wörter variieren: *Sachen* und *sein*

Problem
„Er räumte die *Sachen* vom Boden weg und erledigte dann die *Sachen* für die Schule." Das Wort *Sachen* und Formen des Verbs *sein* werden häufig inflationär verwendet, drücken Sachverhalte jedoch meist nur sehr ungenau aus.

Lösung
Die Wörter *Sachen* und *sein* können variiert werden, wobei man die gemeinten Sachverhalte bzw. Geschehnisse genauer benennt.

Training

1. Präzisiere den folgenden Text, indem du das Wort *Sachen* jeweils durch ein passendes Ersatzwort aus dem Wörtervorrat ersetzt.

CDs – Stress – Aufforderungen – Lebensmittel – Kartons – Hefte und Bücher – Geschirr – Akten

Dieser Tag kostete das Kind Nerven. Die Mutter schimpfte zunächst: „Räum endlich deine ~~Sachen~~ ______________ ins Regal!" Anschließend gab es eine Serie weiterer Aufforderungen und kritischer Nachfragen. Die erste war: „Vermutlich hast du auch deine ~~Sachen~~ ______________ noch nicht in die Schultasche gepackt." Als das Kind entnervt die Augen verdrehte, folgten die nächsten ~~Sachen~~ ______________: „Kannst du bitte ~~die Sachen~~ ______________ in die Spülmaschine räumen?! Immerhin hast du ja auch hier am Tisch gegessen." Anschließend kam die Mutter auf die Idee, das Kind ein paar ~~Sachen~~ ______________ aus dem Keller holen zu lassen, um den Weihnachtsbaum zu schmücken. Als der Vater auftauchte, steigerte sich der Stress weiter. Er hatte ein paar ~~Sachen~~ ______________ aus dem Supermarkt mitgebracht, die in den Kühlschrank geräumt werden mussten. In seiner anderen Hand schleppte er ein paar ~~Sachen~~ ______________ aus dem Büro an, mit denen er sofort in seinem Arbeitszimmer verschwinden wollte. Das Kind hatte genug von ~~den ganzen Sachen~~ ______________ und ging freiwillig eine halbe Stunde früher ins Bett.

2. Präzisiere die folgenden Aussagen, indem du alle Formen von *sein* durch passende Wörter aus dem Wörtervorrat ersetzt.

sitzen – ruhen – warten – fliegen – stehen – liegen

a. Auf dem Bahnsteig ~~sind~~ ______________ viele Leute.
b. In dem Bus ~~sind~~ ______________ auch einige ältere Leute.
c. Meine Freundin ~~ist~~ ______________ schon an der Essensausgabe.
d. Das Buch ~~ist~~ ______________ da drüben auf dem Tisch.
e. Das Wetter ist gut, deshalb ~~sind~~ ______________ die Vögel heute ziemlich hoch.
f. Mittags ~~ist~~ ______________ meine Oma immer auf der Liege unter dem Apfelbaum.

Name: Klasse: Datum:

U	M	O
1	1	

Häufig verwendete Wörter variieren: *Sachen* und *sein*

Lösungen

1. Dieser Tag kostete das Kind Nerven. Die Mutter schimpfte zunächst: „Räum endlich deine ~~*Sachen*~~ **CDs** ins Regal!" Anschließend gab es eine Serie weiterer Aufforderungen und kritischer Nachfragen. Die erste war: „Vermutlich hast du auch deine ~~*Sachen*~~ **Hefte und Bücher** noch nicht in die Schultasche gepackt." Als das Kind entnervt die Augen verdrehte, folgten die nächsten ~~*Sachen*~~ **Aufforderungen**: „Kannst du bitte ~~*die Sachen*~~ **das Geschirr** in die Spülmaschine räumen?! Immerhin hast du ja auch hier am Tisch gegessen." Anschließend kam die Mutter auf die Idee, das Kind ein paar ~~*Sachen*~~ **Kartons** aus dem Keller holen zu lassen, um den Weihnachtsbaum zu schmücken. Als der Vater auftauchte, steigerte sich der Stress weiter. Er hatte ein paar ~~*Sachen*~~ **Lebensmittel** aus dem Supermarkt mitgebracht, die in den Kühlschrank geräumt werden mussten. In seiner anderen Hand schleppte er ein paar ~~*Sachen*~~ **Akten** aus dem Büro an, mit denen er sofort in seinem Arbeitszimmer verschwinden wollte. Das Kind hatte genug von ~~*den ganzen Sachen*~~ **dem ganzen Stress** und ging freiwillig eine halbe Stunde früher ins Bett.

2. a. Auf dem Bahnsteig ~~*sind*~~ **stehen/warten** viele Leute.
   b. In dem Bus ~~*sind*~~ **sitzen/stehen** auch einige ältere Leute.
   c. Meine Freundin ~~*ist*~~ **wartet/steht** schon an der Essensausgabe.
   d. Das Buch ~~*ist*~~ **liegt** da drüben auf dem Tisch.
   e. Das Wetter ist gut, deshalb ~~*sind*~~ **fliegen** die Vögel heute ziemlich hoch.
   f. Mittags ~~*ist*~~ **ruht/liegt/sitzt** meine Oma immer auf der Liege unter dem Apfelbaum.

Name: Klasse: Datum:

U	M	O
3	2	2

Sinndifferenzierende Vergangenheitsformen

Problem

Heißt es *schleifte* oder *schliff*? Von einigen Verben gibt es zwei verschiedene Präteritum- und Perfektformen, die man leicht verwechseln kann.

Lösung

Man muss in der Lage sein, diesen unterschiedlichen Präteritum- und Perfektformen bestimmte Situationen zuzuordnen.

Training

1. Ordne den Präteritumformen die passenden Situationen aus dem Kasten zu.

ein Band hinter sich herziehen an der Wand befestigt sein (z. B. Uhr)
ein Bild anbringen einen Edelstein glätten

a. *schliff* ______________________

b. *schleifte* ______________________

c. *hängte* ______________________

d. *hing* ______________________

2. Bilde mit jeder Präteritumform aus Aufgabe 1 einen Satz. Schreibe die Sätze auf ein gesondertes Blatt.

3. Setze die richtigen Vergangenheitsformen in die Sätze ein.

a. Sie hat den Telefonhörer ______________. *eingehängt/eingehangen*

b. Das Gemälde hat jahrelang hier ______________. *gehängt/gehangen*

c. Der Weihnachtsbaum wurde mit Lametta ______________. *behängt/behangen*

d. Sie ______________ das kranke Kind in ihren Armen. *wiegte/wog*

e. Nach der Grippe ______________ sie vier Kilo weniger. *wiegte/wog*

f. Sie ______________ ihn mitzukommen. *bewegte/bewog*

g. Die Blätter ______________ sich leise im Wind. *bewegten/bewogen*

h. Der 15-Jährige ______________ fünf Stück Kuchen. *schaffte/schuf*

i. Der Komponist ______________ 1955 drei große Werke. *schaffte/schuf*

j. Sie ______________ sich an einen Berater. *wandte/wendete*

k. Er ______________ die Pfannkuchen dreimal. *wandte/wendete*

Name: Klasse: Datum:

U	M	O
3	2	2

Sinndifferenzierende Vergangenheitsformen

Lösungen

1. a. *schliff* **einen Edelstein glätten**
   b. *schleifte* **ein Band hinter sich herziehen**
   c. *hängte* **ein Bild anbringen**
   d. *hing* **an der Wand befestigt sein (z. B. Uhr)**

2. Er schliff einen Edelstein.
   Sie schleifte ein Band hinter sich her.
   Er hängte ein Bild auf.
   Die Uhr hing an der Wand.

3. a. Sie hat den Telefonhörer **eingehängt**. (*hängen* als transitives Verb mit Objekt)
   b. Das Gemälde hat jahrelang hier **gehangen**. (*hängen* als intransitives Verb ohne Objekt)
   c. Der Weihnachtsbaum wurde mit Lametta **behängt**. (*hängen* als transitives Verb, denn nur transitive Verben können das Passiv bilden)
   d. Sie **wiegte** das kranke Kind in ihren Armen. (*wiegen* = hin- und herbewegen)
   e. Nach der Grippe **wog** sie vier Kilo weniger. (*wiegen* = ein bestimmtes Gewicht aufweisen)
   f. Sie **bewog** ihn mitzukommen. (*bewegen* = überzeugen, überreden)
   g. Die Blätter **bewegten** sich leise im Wind. (*bewegen* = den Ort verändern)
   h. Der 15-Jährige **schaffte** fünf Stück Kuchen. (*schaffen* = bewältigen)
   i. Der Komponist **schuf** 1955 drei große Werke. (*schaffen* = erschaffen)
   j. Sie **wandte/wendete** sich an einen Berater. (*wenden* = Kontakt aufnehmen; beide Formen sind möglich)
   k. Er **wendete** die Pfannkuchen dreimal. (*wenden* = umdrehen)

Hinweis

Die verschiedenen Präteritumformen sind manchmal nicht nur auf unterschiedliche Situationen bezogen; zum Teil werden sie auch in **verschiedenen grammatischen Zusammenhängen** verwendet. Ein Beispiel ist das Verb *hängen*:

hängen als transitives Verb (mit Objekt) → Präteritum: *hängte*
Beispiel: Er *hängte* die Wäsche an die Leine.

hängen als intransitives Verb (ohne Objekt) → Präteritum: *hing*
Beispiel: Der Kalender *hing* an der Wand.

Die Perfektform *behangen* **existiert nicht**. Der Satz „Der Weihnachtsbaum war mit Kugeln *behangen*“ ist **nicht korrekt**.

Name: Klasse: Datum:

U	M	O
2	1	1

Die Präposition *durch* richtig verwenden

Problem

„*Durch* den Regen fiel das Spiel aus." Umgangssprachlich wird die Präposition *durch* inflationär verwendet. Sie taucht in Satzzusammenhängen auf, in denen Alternativen wie *infolge*, *wegen* oder *von* sinnvoller wären.

Lösung

Man muss sich die Aussageabsicht klarmachen, die mit der Präposition verbunden ist, und dabei die beabsichtigte Logik genau treffen:

Grund (kausal)	*wegen* (+ Genitiv), *aufgrund* (+ Genitiv)
Folge (konsekutiv)	*infolge* (+ Genitiv)
Mittel (modal/medial)	*von* (+ Dativ), *mithilfe* (+ Genitiv), *mittels* (+ Genitiv), *durch* (+ Akkusativ)
Raum (lokal)	*durch* (+ Akkusativ)
Zeit (temporal)	*durch* (+ Akkusativ)

Training

1. Ergänze die Sätze mithilfe einer Präposition aus dem Kasten und der in Klammern angegebenen Wörter. Achte dabei auf den richtigen Kasus.

   a. Er wurde ______________________________ getroffen. (ein herabstürzender Ast)

   b. ______________________________ konnten sie nicht zelten. (ein schlimmes Unwetter)

   c. In den Ferien fahren sie ______________________. (ganz Spanien)

   d. ______________________________ fanden sie den Weg. (Kompass)

   e. Nach bestandener Prüfung feierten sie ______________________. (die ganze Nacht)

   f. ______________________________ konnte er nicht an den Bundesjugendspielen teilnehmen. (Unfall)

   g. ______________________________ konnte er sich beim Wandern abstützen. (ein Stock)

   h. Sie musste ______________________________ viel Unterrichtsstoff nachholen. (lange Krankheit)

2. Streiche die jeweils nicht passende Formulierung durch.

   a. Die Braut fiel *durch ein viel zu langes Kleid/wegen eines viel zu langen Kleides* die Kirchentreppe hinauf.

   b. *Durch eine Grippe/Infolge einer Grippe* konnte er gestern leider nicht zur Schule kommen.

   c. Der Polizist wurde *durch eine Kugel/wegen einer Kugel* getötet.

   d. Er schaute *durch ein Fernglas/mittels eines Fernglases* und konnte alles genau erkennen.

   e. *Durch sein hohes Alter/Wegen seines hohen Alters* bekommt er seit Jahren keine Anstellung mehr.

Name: Klasse: Datum:

U	M	O
2	1	1

Die Präposition *durch* richtig verwenden

Lösungen

1. a. Er wurde **von einem herabstürzenden Ast** getroffen. (modal/medial)
   b. **Wegen/Aufgrund eines schlimmen Unwetters** konnten sie nicht zelten. (kausal)
   c. In den Ferien fahren sie **durch ganz Spanien**. (lokal)
   d. **Mithilfe/Mittels eines Kompasses** fanden sie den Weg. (modal/medial)
   e. Nach bestandener Prüfung feierten sie **die ganze Nacht durch**. (temporal)
   f. **Aufgrund/Wegen/Infolge eines Unfalls** konnte er nicht an den Bundesjugendspielen teilnehmen. (kausal/konsekutiv)
   g. **Mithilfe/Mittels eines Stocks** konnte er sich beim Wandern abstützen. (modal/medial)
   h. Sie musste **aufgrund/wegen einer langen Krankheit** viel Unterrichtsstoff nachholen. (kausal)

2. a. Die Braut fiel *~~durch ein viel zu langes Kleid~~/wegen eines viel zu langen Kleides* die Kirchentreppe hinauf. (kausal)
   b. *~~Durch eine Grippe~~/Infolge einer Grippe* konnte er gestern leider nicht zur Schule kommen. (konsekutiv)
   c. Der Polizist wurde *durch eine Kugel/~~wegen einer Kugel~~* getötet. (modal/medial)
   d. Er schaute *durch ein Fernglas/~~mittels eines Fernglases~~* und konnte alles genau erkennen. (lokal)
   e. *~~Durch sein hohes Alter~~/Wegen seines hohen Alters* bekommt er seit Jahren keine Anstellung mehr. (kausal)

Name: Klasse: Datum:

U	M	O
3	2	1

Kongruenzfehler vermeiden: Zwei Nomen und Sammel- oder Maßbezeichnungen

Problem

„Da *kommt* mein Nachbar und sein Sohn." In diesem Satz ist ein grammatischer Fehler unterlaufen: Der Satz enthält zwei Subjekte, aber das Verb ist in der Einzahl verwendet worden. Solche „Kongruenzfehler" kommen bei ungeübten Schreibern häufig vor.

Lösung

Unter „Kongruenz" versteht man eine **übereinstimmende** Verwendung von Genus, Numerus und Kasus bei zusammengehörigen Satzteilen. Man kann sich an den folgenden Regeln orientieren, um Kongruenzfehler zu vermeiden:

- Bei zwei Subjekten, die mit *und* verbunden sind, steht das Prädikat im Plural. Beispiel: „Da **kommen** mein Nachbar *und* sein Sohn."
- Bei zwei Subjekten im Singular, die mit *oder/bzw.* verbunden sind, steht das Prädikat im Singular. Beispiel: „Dein Vater *oder* deine Mutter **muss** das bezahlen."
- Bei Sammel- oder Maßbezeichnungen in **Singularform** (z. B. *Pfund*, *Kilo*, *die Hälfte*), die das Subjekt darstellen, steht auch das Prädikat im **Singular**.
- Entsprechend steht das Prädikat im **Plural**, wenn Sammel- oder Maßbezeichnungen, die das Subjekt darstellen, in **Pluralform** vorkommen (z. B. *zwei Drittel*, *500 Gramm*).
- Steht bei zwei Subjekten, die mit *oder/bzw.* verbunden sind, ein Subjekt im Singular und eines im Plural, dann richtet sich der Numerus des Verbs nach dem Subjektteil, der ihm **am nächsten** steht.
- Bei **Rechenaufgaben** wird beim Verb stets der **Singular** verwendet, auch wenn es zwei Zahlensubjekte gibt.

Training

1. Füge in die folgenden Sätze jeweils das richtige Wort mit der passenden Flexionsendung ein.

a. Gleich __________ meine Tante und ihr Sohn zu Besuch. (kommt/kommen)

b. Mehr als die Hälfte der Studentinnen __________ einen Job. (hat/haben)

c. Drei Viertel der Bevölkerung __________ die Regierung zurzeit ab. (lehnt/lehnen)

d. Entweder Lisa oder Tim __________ zum Direktor, um den Vorfall zu melden. (geht/gehen)

e. Kehrdienst __________ heute Julian und Peter. (hat/haben)

f. Für den Kartoffelsalat __________ zuerst 500 Gramm Kartoffeln gekocht. (wird/werden)

g. Der Tisch und der Stuhl __________ nebeneinandergestellt. (wird/werden)

h. Der Klimawandel bzw. die Hitze in Afrika __________ mit verantwortlich für die Hungersnot. (ist/sind)

i. Für die Suppe __________ ein Kilo Hackfleisch benötigt. (wird/werden)

j. Vier Fünftel der Strecke __________ schon hinter uns. (liegt/liegen)

k. Am Alten Hafen __________ meine Yacht und mein Motorboot. (liegt/liegen)

l. Deine Mutter oder dein Vater __________ beim Elternabend anwesend sein. (muss/müssen)

m. Keiner oder alle __________ Hilfe von mir. (bekommt/bekommen)

n. Drei mal zwei __________ sechs. (ist/sind)

Name: Klasse: Datum:

U	M	O
3	2	1

Kongruenzfehler vermeiden: Zwei Nomen und Sammel- oder Maßbezeichnungen

Lösungen

1. a. Gleich **kommen** meine Tante und ihr Sohn zu Besuch. (zwei Subjekte, die mit *und* verbunden sind, also: Prädikat im Plural)

   b. Mehr als die Hälfte der Studentinnen **hat** einen Job. (Sammelbezeichnung in Singularform [*die Hälfte*], also: Prädikat im Singular)

   c. Drei Viertel der Bevölkerung **lehnen** die Regierung zurzeit ab. (Sammelbezeichnung in Pluralform [*drei Viertel*], also: Prädikat im Plural)

   d. Entweder Lisa oder Tim **geht** zum Direktor, um den Vorfall zu melden. (zwei Subjekte, die mit *oder* verbunden sind, also: Prädikat im Singular)

   e. Kehrdienst **haben** heute Julian und Peter. (zwei Subjekte, die mit *und* verbunden sind, also: Prädikat im Plural)

   f. Für den Kartoffelsalat **werden** zuerst 500 Gramm Kartoffeln gekocht. (Maßbezeichnung im Plural [*500 Gramm*], also: Prädikat im Plural)

   g. Der Tisch und der Stuhl **werden** nebeneinandergestellt. (zwei Subjekte, die mit *und* verbunden sind, also: Prädikat im Plural)

   h. Der Klimawandel bzw. die Hitze in Afrika **ist** mit verantwortlich für die Hungersnot. (zwei Subjekte, die mit *bzw.* verbunden sind, also: Prädikat im Singular)

   i. Für die Suppe **wird** ein Kilo Hackfleisch benötigt. (Maßbezeichnung im Singular [*ein Kilo*], also: Prädikat im Singular)

   j. Vier Fünftel der Strecke **liegen** schon hinter uns. (Sammelbezeichnung in Pluralform [*vier Fünftel*], also: Prädikat im Plural)

   k. Am Alten Hafen **liegen** meine Yacht und mein Motorboot. (zwei Subjekte, die mit *und* verbunden sind, also: Prädikat im Plural)

   l. Deine Mutter oder dein Vater **muss** beim Elternabend anwesend sein. (zwei Subjekte, die mit *oder* verbunden sind, also: Prädikat im Singular)

   m. Keiner oder alle **bekommen** Hilfe von mir. (der Subjektteil, der näher am Verb steht [*alle*], ist eine Pluralform, also: Prädikat im Plural)

   n. Drei mal zwei **ist** sechs. (Rechenaufgabe, also: Prädikat im Singular)

Hinweis

Bei Teilaufgabe m gibt es auch den umgekehrten Fall:

„Alle oder keiner **bekommt** einen Pluspunkt."

Der Subjektteil, der näher am Verb steht (*keiner*), ist eine Singularform, also: Prädikat im Singular.

Name: Klasse: Datum:

U	M	O
2	2	1

Kongruenzfehler vermeiden: Nomen nach *als* oder *wie* und Appositionen

Problem

„Sie bewunderte ihn *wie* ein Gott.“ Diese Formulierung ist wohl falsch … aber wieso? Hier sind Kongruenzregeln verletzt worden.

Lösung

Unter „Kongruenz“ versteht man eine **übereinstimmende** Verwendung von Genus, Numerus und Kasus bei zusammengehörigen Satzteilen. Man kann sich an den folgenden Regeln orientieren, um Kongruenzfehler zu vermeiden:

- Nomen nach *als* oder *wie* stehen im **gleichen Kasus** wie das Bezugswort. Beispiel: „Sie bewunderte ihn *wie* **einen** Gott.“ Die Akkusativform *einen Gott* bezieht sich auf das Akkusativobjekt *ihn* und nicht – wie im einleitenden falschen Satz – auf das Subjekt *sie*.)
- Appositionen (nachgestellte Ergänzungen) stehen in **demselben Fall** wie das Substantiv, auf das sie sich beziehen.

Training

1. **Erster Schritt:** Überlege zunächst, auf welchen Satzteil sich die grau unterlegten Formulierungen logisch beziehen. Zeichne einen Pfeil, der auf diesen Satzteil zeigt, und unterstreiche ihn.
   Zweiter Schritt: Stelle dann den Kasus (Fall) des Satzteils fest, auf den der Pfeil gerichtet ist und den du unterstrichen hast, und notiere diesen Kasus.
   Dritter Schritt: Prüfe schließlich jeweils die beiden grau unterlegten Formulierungen und stelle fest, welche von ihnen den gleichen Kasus aufweist wie der von dir bestimmte Bezugssatzteil. Streiche die falsche Formulierung durch.

   a. Der Spielausgang traf sie *wie* ein Schock/einen Schock.

   Kasus: ____________________

   b. Christiaan Barnard ist es *als* erster Mediziner/erstem Mediziner gelungen, ein Herz zu verpflanzen.

   Kasus: ____________________

   c. Sie half dem verunglückten Mann, ein 70-jähriger Rentner/einem 70-jährigen Rentner.

   Kasus: ____________________

   d. Seit Jahren sieht man meinen Nachbarn, ein Stadtrat/einen Stadtrat, oft in der Zeitung.

   Kasus: ____________________

Name: Klasse: Datum:

U	M	O
2	2	1

Kongruenzfehler vermeiden: Nomen nach *als* oder *wie* und Appositionen

Lösungen

↙

1. a. Der Spielausgang traf sie *wie* ein Schock/~~einen Schock~~.

   Kasus: **Nominativ**

   ↙

   b. Christiaan Barnard ist es *als* ~~erster Mediziner~~/erstem Mediziner gelungen, ein Herz zu verpflanzen.

   Kasus: **Dativ**

   ↙

   c. Sie half dem verunglückten Mann, ~~ein 70-jähriger Rentner~~/einem 70-jährigen Rentner.

   Kasus: **Dativ**

   ↙

   d. Seit Jahren sieht man meinen Nachbarn, ~~ein Stadtrat~~/einen Stadtrat, oft in der Zeitung.

   Kasus: **Akkusativ**

Name: Klasse: Datum:

U	M	O
2	2	1

Kongruenzfehler vermeiden: Flektierte Adjektive und Datumsangaben

Problem

„Bei *dem augenblicklichem* Wetter traut sich ja keiner vor die Tür.“ In diesem Satz sind Kasusendungen durcheinandergeraten.

Lösung

Man sollte folgende Regeln beachten:

– Adjektive erhalten im Dativ nur dann ein Endungs-*m*, wenn ihnen kein Artikel im Dativ vorangegangen ist. Also: „Bei *de**m** augenblickliche**n*** Wetter …“, aber: „Bei *merkliche**m*** Temperaturanstieg …“.

– Das gilt in der Regel auch, wenn zwei Adjektive im Dativ nacheinander vorkommen. Beispiel: „Nach *lange**m***, *heftige**m*** Regen …“, aber: „Nach *de**m** lange**n***, *heftige**n*** Regen …“.

– Nachgestellte Appositionen in Datumsangaben stehen in der Regel in demselben Fall wie das erste Element. Also: „Am Dienstag, *de**m*** 1.5., reist er ab.“ „Mittwoch, *de**n*** 1.8., treffen wir uns.“

Training

1. Ergänze die fehlenden Kasusendungen.

   a. Bei gründliche______ Training kann er die Qualifikation schaffen.

   b. Nach einem intensive______ Training spürte er plötzlich einen Schmerz im linken Schienbein.

   c. Er ging am Donnerstag, de______ 17. Juli, in Pension.

   d. Es war mit regnerische______, stürmische______ Wetter zu rechnen.

   e. Am Freitag, de______ 13., passieren immer schlimme Dinge, so die Meinung von Abergläubischen.

   f. Nach ausführliche______ Durchsehen der Unterlagen waren sie bestens informiert.

   g. Nach einem ausführliche______ Gespräch war die Sache geklärt.

   h. Montag, de______ 7. März, treffen wir uns in der Pizzeria.

   i. Mit dem freundliche______ Mann würde ich mich gerne noch länger unterhalten.

2. Streiche die falschen grammatischen Formen durch.

   a. Nach dem *heftigem/heftigen* Regen war der Boden total aufgeweicht.

   b. Sie besuchten den Kölner Dom am Mittwoch, *dem/den/der* 14. Juni 2010.

   c. Nach *langem/langen*, *heftigem/heftigen* Diskutieren wurde endlich die Entscheidung getroffen.

   d. Nach einem *langem/langen*, *intensivem/intensiven* Kampf stand der Sieger endlich fest.

   e. Mit *intensivem/intensiven* Lernen kann man viel erreichen.

   f. Mit einem viertelstündlich *fahrendem/fahrenden* Bus kannst du die Hamburger Innenstadt erreichen.

Name: Klasse: Datum:

U	M	O
2	2	1

Kongruenzfehler vermeiden: Flektierte Adjektive und Datumsangaben

Lösungen

1. a. Bei gründliche**m** Training kann er die Qualifikation schaffen. (*m*, da kein vorausgehender Artikel)
   b. Nach einem intensive**n** Training spürte er plötzlich einen Schmerz im linken Schienbein. (*n*, da vorausgehender Artikel mit *m*)
   c. Er ging am Donnerstag, de**m** 17. Juli, in Pension. (*dem* in demselben Fall wie *am*)
   d. Es war mit regnerische**m**, stürmische**m** Wetter zu rechnen. (zweimal *m*, da kein vorausgehender Artikel)
   e. Am Freitag, de**m** 13., passieren immer schlimme Dinge, so die Meinung von Abergläubischen. (*dem* in demselben Fall wie *am*)
   f. Nach ausführliche**m** Durchsehen der Unterlagen waren sie bestens informiert. (*m*, da kein vorausgehender Artikel)
   g. Nach einem ausführliche**n** Gespräch war die Sache geklärt. (*n*, da vorausgehender Artikel mit *m*)
   h. Montag, de**n** 7. März, treffen wir uns in der Pizzeria. (siehe Hinweis)
   i. Mit dem freundliche**n** Mann würde ich mich gerne noch länger unterhalten. (*n*, da vorausgehender Artikel mit *m*)

2. a. Nach dem *~~heftigem~~/heftigen* Regen war der Boden total aufgeweicht. (*n*, da vorausgehender Artikel mit *m*)
   b. Sie besuchten den Kölner Dom am Mittwoch, *dem/den/~~der~~* 14. Juni 2010. (siehe Hinweis)
   c. Nach *langem/~~langen~~*, *heftigem/~~heftigen~~* Diskutieren wurde endlich die Entscheidung getroffen. (zweimal *m*, da kein vorausgehender Artikel)
   d. Nach einem *~~langem~~/langen*, *~~intensivem~~/intensiven* Kampf stand der Sieger endlich fest. (zweimal *n*, da vorausgehender Artikel mit *m*)
   e. Mit *intensivem/~~intensiven~~* Lernen kann man viel erreichen. (*m*, da kein vorausgehender Artikel)
   f. Mit einem viertelstündlich *~~fahrendem~~/fahrenden* Bus kannst du die Hamburger Innenstadt erreichen. (*n*, da vorausgehender Artikel mit *m*).

Hinweis

Bei nachgestellten Appositionen in Datumsangaben wird außer der Endung -*em* besonders in der Umgangssprache auch die Endung -*en* akzeptiert. Diese Apposition wird in der Regel durch ein Komma abgeschlossen, dies ist jedoch nicht zwingend. Beispiel:

Am Dienstag, *dem* 12. Mai, gab es einen Platzregen. (Regelfall)

Am Dienstag, *den* 12. Mai gab es einen Platzregen. (zunehmend so gebraucht)

Name: Klasse: Datum:

U	M	O
3	2	1

Kongruenzfehler vermeiden: Das verflixte Dativ-*m*

Problem

„Bei all*em* gut*em* Willen war nichts mehr zu machen." In diesem Satz sind nicht alle Deklinationsendungen korrekt. Schwierig ist es, im Dativ Singular (Maskulinum und Neutrum) zwischen den Endungen *-en* und *-em* zu unterscheiden. Richtig wäre nämlich die Formulierung: „Bei all*em* gut*en* Willen ..."

Lösung

Die Endungen *-en* und *-em* gehen auf verschiedene Deklinationen des Adjektivs zurück. Man unterscheidet zwischen einer schwachen und einer starken Deklination:

Dativ Singular (Maskulinum und Neutrum)

schwache Deklination

Beispiel: „mit *dem* schlau*en* Schüler"

- Dativ Singular *-en*
- vorhergehendes dekliniertes Wort, z. B. Artikel oder *demselben*, *demjenigen*, *diesem*, *jedem*, *jedwedem*, *jeglichem*, *jenem*, *welchem*, das Genus, Numerus und Kasus schon festlegt

starke Deklination

Beispiel: „mit lang*em* Zögern"

- Dativ Singular *-em*
- kein vorhergehendes dekliniertes Wort, Genus, Numerus und Kasus also noch nicht angegeben

Training

1. Unterstreiche in der folgenden Liste die Wörter, nach denen ein Adjektiv schwach dekliniert werden muss, in diesem Fall also ein *-en* erhalten muss.

   a. einem
   b. mehr
   c. diesem
   d. demjenigen
   e. viel
   f. dem
   g. wenig
   h. unserem
   i. deinem

2. Füge in die folgenden Sätze jeweils die richtige Adjektivendung ein. Prüfe zunächst, ob die schwache oder die starke Deklination gewählt werden muss.

   a. Nach einem neuen___ Gesetz müssen die Bürgersteige verbreitert werden.
   b. Bei schlechtem___, regnerischem___ Wetter fällt das Spiel aus.
   c. Nach diesem langen___ Fußmarsch hatte sie fünf Blasen an den Füßen.
   d. Mit wenig schönem___ Wetter war in diesem Sommer zu rechnen.
   e. Bei allem guten___ Vorsatz, das Projekt misslang.
   f. Mit diesem neuen___ Roman konnte er einen großen Erfolg erzielen.
   g. Über dem tiefen___, geheimnisvollen___ See schwebte eine unheimliche Nebelschwade.
   h. Der Arzt hat ihr zu mehr langem___ und ausdauerndem___ Schwimmen geraten.

Name: Klasse: Datum:

U	M	O
3	2	1

Kongruenzfehler vermeiden: Das verflixte Dativ-*m*

Lösungen

1. a. einem
   b. mehr
   c. diesem
   d. demjenigen
   e. viel
   f. dem
   g. wenig
   h. unserem
   i. deinem

2. a. Nach *einem* neu**en** Gesetz müssen die Bürgersteige verbreitert werden. (Mit dem unbestimmten Artikel *einem* ist der Dativ bereits gekennzeichnet.)
   b. Bei schlecht**em**, regnerisch**em** Wetter fällt das Spiel aus. (Der Dativ ist noch nicht durch ein vorhergehendes Wort gekennzeichnet, sodass die Dativangabe im Adjektiv selbst erfolgt.)
   c. Nach *diesem* lang**en** Fußmarsch hatte sie fünf Blasen an den Füßen.
   d. Mit wenig schön**em** Wetter war in diesem Sommer zu rechnen.
   e. Bei *allem* gut**en** Vorsatz, das Projekt misslang.
   f. Mit *diesem* neu**en** Roman konnte er einen großen Erfolg erzielen.
   g. Über *dem* tief**en**, geheimnisvolle**n** See schwebte eine unheimliche Nebelschwade.
   i. Der Arzt hat ihr zu mehr lang**em** und ausdauernd**em** Schwimmen geraten.

Hinweis

Die obigen Lösungen zeigen, dass im Maskulinum oder Neutrum Singular eine Dativkonstruktion immer ein *-m* enthalten muss.

Name: Klasse: Datum:

U	M	O
3	2	2

Schwierige Plurale korrekt bilden

Problem

Schreibt man *Babys* oder *Babies*? Nimmt man *Antibiotika* oder *Antibiotikas*? Die Pluralbildung bei Fremdwörtern, die aus dem Lateinischen oder dem Englischen abgeleitet sind, folgt besonderen Regeln.

Lösung

Für diesen Bereich gibt es folgende Regeln:

- Bei der Bildung von Pluralen englischer Wörter folgt man den Regeln der deutschen Grammatik und nicht denen der englischen. Also: *Babys*. Die Umwandlung von *y* in *ie* bei Nomen, die auf *-y* enden, findet nur im Englischen statt. Wie im Englischen wird an solche Wörter im Plural ein *s* angehängt.
- Lateinische Nomen auf *-um* (z. B. Antibiotikum) bilden den Plural auf *-a*, der im Deutschen übernommen wird (*Antibiotika*).
- Lateinische Nomen auf *-us* nach der sogenannten u-Deklination (Beispiel: *Lapsus* = Fehler) bilden den Plural auf *-us* (mit langem *u* gesprochen), der im Deutschen übernommen wird (*Lapsus*). Auch die eingedeutschte Pluralform auf *-se* ist teilweise schon möglich.
- Lateinische Nomen auf *-ex* nach der sogenannten konsonantischen Deklination bilden den Plural auf *-ices* (eingedeutscht: *-izes*). Auch die eingedeutschte Pluralform auf *-e* ist teilweise schon möglich.

Training

1. Folge den Regeln im Kasten und ordne den folgenden Wörtern die korrekten Plurale zu, indem du die richtigen Formen unterstreichst.

a. Praktikum	Praktikas	Praktiki	Praktikums	Praktika
b. Turnus	Turni	Turnus	Turniere	Turnusse
c. Visum	Visas	Visa	Visen	Visums
d. Kodex	Kodexe	Kodexen	Kodizes	Kodis
e. Party	Parties	Partys	Partizes	Parten
f. Internum	Interna	Internas	Interni	Internums
g. Handy	Handys	Handies	Händen	Händies
h. Status	Statusse	Statuten	Statums	Status
i. Pharmakum	Pharmakusse	Pharmaka	Pharmaki	Pharmakums
j. Index	Indexe	Indexs	Indizes	Indexi

2. Viele Fremdwörter wurden in ihrer Deklination eingedeutscht. Ergänze die Plurale.

a. Atlas ____________
b. Globus ____________
c. Risiko ____________
d. Komplex ____________
e. Album ____________
f. Lexikon ____________
g. Firma ____________
h. Museum ____________
i. Komma ____________
j. Reflex ____________
k. Matrix ____________

Name:	Klasse:	Datum:	U	M	O
			3	2	2

Schwierige Plurale korrekt bilden

Lösungen

1 a.	Praktikum	Praktikas	Praktiki	Praktikums	Praktika
b.	Turnus	Turni	Turnus	Turniere	Turnusse
c.	Visum	Visas	Visa	Visen	Visums
d.	Kodex	Kodexe	Kodexen	Kodizes	Kodis
e.	Party	Parties	Partys	Partizes	Parten
f.	Internum	Interna	Internas	Interni	Internums
g.	Handy	Handys	Handies	Händen	Händies
h.	Status	Statusse	Statuten	Statums	Status
i.	Pharmakum	Pharmakusse	Pharmaka	Pharmaki	Pharmakums
j.	Index	Indexe	Indexs	Indizes	Indexi

2. a. Atlas **Atlanten/Atlasse**
   b. Globus **Globen/Globusse**
   c. Risiko **Risiken**
   d. Komplex **Komplexe**
   e. Album **Alben**
   f. Lexikon **Lexika/Lexiken**
   g. Firma **Firmen**
   h. Museum **Museen**
   i. Komma **Kommata/Kommas**
   j. Reflex **Reflexe**
   k. Matrix **Matrizen**

Name: Klasse: Datum:

U	M	O
1	1	1

Fugenlaute korrekt verwenden

Problem

Heißt es *Gepäcksausgabe* oder *Gepäckausgabe*? In der deutschen Sprache können mehrere Substantive zu einem Kompositum zusammengefügt werden. An der Nahtstelle zwischen den zusammengefügten Wörtern wird oft noch ein sogenannter Fugenlaut verwendet, z. B. ein *s*. Allerdings ist das nicht regelmäßig der Fall. Im Beispiel oben heißt es nämlich richtig *Gepäckausgabe* (außer in Österreich).

Lösung

Nur in etwa 30 % aller Fälle wird bei einem Kompositum ein Fugenelement verwendet. Welches verwendet wird, hängt prinzipiell vom ersten Teil des Kompositums ab. Man kann sich an folgenden Regeln orientieren:

- Weibliche Substantive, die auf *-e* enden, erhalten oft den Fugenlaut *n*.
- Weibliche Substantive auf *-heit*/*-ion*/*-ität* und *-ung* erhalten oft den Fugenlaut *s*.
- Männliche und sächliche Substantive erhalten oft den Fugenlaut *s*.
- Männliche Substantive, die schwach dekliniert sind (die außer im Nominativ in allen anderen Fällen auf *-en* enden, z. B. *Mensch*), erhalten den Fugenlaut *-en*.

Training

1. Setze in die folgenden Wörter falls nötig einen oder mehrere Fugenlaute ein

a. Linde___baum
b. Minderheit___regierung
c. Miene___spiel
d. Grille___zirpen
e. Wut___bürger
f. Hoffnung___schimmer
g. Birke___regal
h. Gepäck___aufbewahrung
i. Identität___problem
j. Zufall___gruppe
k. Geschwindigkeit___erhöhung
l. Oberstufe___schüler
m. Essen___zeit
n. Gelenk___entzündung
o. Persönlichkeit___struktur
p. Menschenrecht___konvention
q. Unfall___bericht
r. Kohle___stoff
s. Klasse___buch
t. Breite___sport
u. Strafrecht___reform
v. Antrag___verfahren
w. Zufall___generator
x. Instrument___koffer
y. Decke___leuchte
z. Automat___spiel
aa. Gelegenheit___täter
bb. Gitarre___solo

2. Streiche in den folgenden Wortzusammensetzungen gegebenenfalls überflüssige Laute durch.

a. Fugenkitt
b. Heftsführung
c. Diskussionsregeln
d. Kommunionskleid
e. Gruppensführer
f. Lammsfleisch

Name: Klasse: Datum:

U	M	O
1	1	1

Fugenlaute korrekt verwenden

Lösungen

1. a. Linde**n**baum
   b. Minderheit**s**regierung
   c. Miene**n**spiel
   d. Grille**n**zirpen
   e. Wut—bürger
   f. Hoffnung**s**schimmer
   g. Birke**n**regal
   h. Gepäck—aufbewahrung
   i. Identität**s**problem
   j. Zufall**s**gruppe
   k. Geschwindigkeit**s**erhöhung
   l. Oberstufe**n**schüler
   m. Essen**s**zeit
   n. Gelenk—entzündung
   o. Persönlichkeit**s**struktur
   p. Menschenrecht**s**konvention
   q. Unfall—bericht
   r. Kohle**n**stoff
   s. Klasse**n**buch
   t. Breite**n**sport
   u. Strafrecht**s**reform
   v. Antrag**s**verfahren
   w. Zufall**s**generator
   x. Instrument**en**koffer
   y. Decke**n**leuchte
   z. Automat**en**spiel
   aa. Gelegenheit**s**täter
   bb. Gitarre**n**solo

2. a. Fugenkitt
   b. Heft~~s~~führung
   c. Diskussionsregeln
   d. Kommunion~~s~~kleid
   e. Gruppen~~s~~führer
   f. Lamm~~s~~fleisch

Name: Klasse: Datum:

U	M	O
2	1	1

Das und *dass* grammatisch unterscheiden

Problem

„*Dass das* immer so schwierig ist!“ *Das*/*dass*-Fehler kommen sehr häufig vor. Ein Grund ist, dass beide Wörter Nebensätze einleiten können, und zwar als Relativpronomen (*das*) oder Konjunktion (*dass*).
Da viele im Schreibprozess auf andere Sachverhalte konzentriert sind, wird die Unterscheidung zwischen *das* und *dass* oft nicht sachgerecht getroffen.

Lösung

Um die beiden Schreibweisen zu unterscheiden, hilft zunächst eine Ersatzprobe:
- Die Schreibweise *das* kann ersetzt werden durch *dieses* oder *welches*.
- Die Schreibweise *dass* lässt sich nicht ersetzen.

Grammatisch kann man *das* und *dass* auch folgendermaßen unterscheiden:

– bestimmter Artikel	→	*das*	Gib mir *das* Heft bitte.
– Demonstrativpronomen	→	*das*	*Das* geht doch nicht.
– Relativpronomen	→	*das*	Das Auto, *das* da steht, gehört mir.
– Konjunktion	→	*dass*	Ich weiß, *dass* er hier ist.

Tipp

Beide Wörter hintereinander kommen nur in der Abfolge „... *dass das* ...“ vor. Es gibt auch die Kombination „... *das das* ...“ (Beispiel: „Das Team, *das das* Rennen gewonnen hat, kommt aus Spanien.“).

Training

1. Setze *das* oder *dass* ein.

   a. Er ahnte, ________ der Versuch scheitern würde.

   b. Wir freuen uns, ________ ________ Buch endlich erschienen ist.

   c. Was du nicht willst, ________ man dir tu’, ________ füg’ auch keinem anderen zu.

   d. ________ ist wirklich ________ Übelste, was er sich bisher geleistet hat.

   e. ________ ist doch unmöglich.

   f. Weißt du, ________ du heute unmöglich aussiehst?

   g. Der Vortrag war so langweilig, ________ sich der Saal rasch leerte.

   h. ________ hätte ich nicht gedacht, ________ sie in diesem Jahr ________ erste Mal an der Tabellenspitze stehen würden.

   i. ________ wir jetzt hier gelandet sind, ________ überrascht mich sehr.

2. Streiche das nicht passende Wort durch.

   a. Ich glaube, *das*/*dass* ihm *das*/*dass* nicht helfen wird.

   b. Nehmen wir einmal an, *das*/*dass* er gewinnen wird.

   c. *Das*/*Dass* kommt mir spanisch vor.

   d. *Das*/*Dass* ist eine Art von Hobby, durch *das*/*dass* *das*/*dass* sonstige Privatleben sehr beeinträchtigt wird.

   e. Wenn du *das*/*dass* machst, kannst du die Koffer packen.

   f. Wärest du bereit, *das*/*dass* vor Gericht noch einmal zu wiederholen?

   g. Es hat keinen Zweck, *das*/*dass* du hier so lange herumstehst.

   h. Er war so groß, *das*/*dass* er nicht durch die Tür passte.

Name: Klasse: Datum:

U	M	O
2	1	1

Das und *dass* grammatisch unterscheiden

Lösungen

1. a. Er ahnte, **dass** der Versuch scheitern würde. (Konjunktion)
   b. Wir freuen uns, **dass das** Buch endlich erschienen ist. (Konjunktion + Artikel)
   c. Was du nicht willst, **das** man dir tu', **das** füg' auch keinem anderen zu. (Relativpronomen + Demonstrativpronomen)
   d. **Das** ist wirklich **das** Übelste, was er sich bisher geleistet hat. (Demonstrativpronomen + Artikel)
   e. **Das** ist doch unmöglich. (Demonstrativpronomen)
   f. Weißt du, **dass** du heute unmöglich aussiehst? (Konjunktion)
   g. Der Vortrag war so langweilig, **dass** sich der Saal rasch leerte. (Konjunktion)
   h. **Das** hätte ich nicht gedacht, **dass** sie in diesem Jahr **das** erste Mal an der Tabellenspitze stehen würden. (Demonstrativpronomen + Konjunktion + Artikel)
   i. **Dass** wir jetzt hier gelandet sind, **das** überrascht mich sehr. (Konjunktion + Demonstrativpronomen)

2. a. Ich glaube, ~~*das*~~/*dass* ihm *das*/~~*dass*~~ nicht helfen wird. (Konjunktion + Demonstrativpronomen)
   b. Nehmen wir einmal an, ~~*das*~~/*dass* er gewinnen wird. (Konjunktion)
   c. *Das*/~~*Dass*~~ kommt mir spanisch vor. (Demonstrativpronomen)
   d. *Das*/~~*Dass*~~ ist eine Art von Hobby, durch *das*/~~*dass*~~ *das*/~~*dass*~~ sonstige Privatleben sehr beeinträchtigt wird. (Demonstrativpronomen + Relativpronomen + Artikel)
   e. Wenn du *das*/~~*dass*~~ machst, kannst du die Koffer packen. (Demonstrativpronomen)
   f. Wärest du bereit, *das*/~~*dass*~~ vor Gericht noch einmal zu wiederholen? (Demonstrativpronomen)
   g. Es hat keinen Zweck, ~~*das*~~/*dass* du hier so lange herumstehst. (Konjunktion)
   h. Er war so groß, ~~*das*~~/*dass* er nicht durch die Tür passte. (Konjunktion)

Hinweis

Nach *das* als Artikel folgt immer ein Nomen (eventuell plus vorangestelltes Adjektiv).
Nach *das* als Pronomen folgt kein Nomen.

Die Konjunktion *dass* kann einen Konsekutivsatz oder einen Inhaltssatz (Objektsatz oder Subjektsatz) einleiten. Beispiele:
Er war so krank, *dass* er im Bett bleiben musste. (Konsekutivsatz)
Er wusste, *dass* er gewinnen würde. (Objektsatz)
Es ist verwunderlich, *dass* sie jetzt hier auftauchen. (Subjektsatz)

Name: Klasse: Datum:

U	M	O
2	1	1

Präpositionen korrekt wählen (I)

Problem

„Die Kritik *gegen* dieses Verhalten ist verständlich." Natürlich müsste dieser Satz richtig lauten: „Die Kritik *an* diesem Verhalten ist verständlich." Substantiven und Adjektiven die passenden Präpositionen zuzuordnen bereitet häufig Probleme.

Lösung

Es ist hilfreich, feste Zuordnungen von Substantiv/Adjektiv und Präposition zu üben, um an sprachlicher Sicherheit zu gewinnen.

Training

1. In dieser Übung geht es um feste Verbindungen von Adjektiven und Präpositionen. Füge jeweils eine richtige Präposition aus dem Wörtervorrat ein. Achtung: Es stehen mehr Präpositionen im Wörtervorrat, als gebraucht werden.

über – von – zu – für – gegen – wegen – nach – auf – durch – an – mit

a. Er ist erstaunt ____________ ihr ungewöhnliches Verhalten.

b. Der Künstler war inspiriert ____________ der stimmungsvollen Landschaft.

c. Die Mongolen unter Dschingis Khan waren sehr grausam ____________ die Bevölkerung der eroberten Länder.

d. Sie war immer bedacht ____________ ein perfektes Äußeres.

e. Der Junge war interessiert ____________ Sachbüchern über Dinosaurier.

f. Sie war sehr vertraut ____________ allen Besonderheiten der Kampfkunst.

2. In dieser Übung geht es um feste Verbindungen von Substantiven und Präpositionen. Streiche in den folgenden Sätzen die falschen Präpositionen und Artikelformen durch.

a. Sie haben kein Interesse *an/für/zu* Erdkunde.

b. Das ist ein Anzeichen *auf/von/für eine/einer* Blinddarmentzündung.

c. Er zieht die Konsequenz *über/aus ihr/ihrem* Verhalten.

d. Er hat heftige Kritik *gegen/an/über ihre/ihrer* Fahrweise geübt.

e. Der Opa hat ein Bedürfnis *für/nach/zu* Ruhe.

f. Leider zeigt er keinen Respekt *gegen/für/vor den/dem* Lehrer.

g. In diesem Jahr gibt es einen Überfluss *an/von* Äpfeln.

h. Der Junge hat eine starke Ähnlichkeit *zu/mit* seinem Vater.

i. Das muss in Analogie *mit/zu/auf dem/das* Bild aus der Frühphase des Malers gesehen werden.

Name: Klasse: Datum:

U	M	O
2	1	1

Präpositionen korrekt wählen (I)

Lösungen

1. a. Er ist erstaunt **über** ihr ungewöhnliches Verhalten.
   b. Der Künstler war inspiriert **von** der stimmungsvollen Landschaft.
   c. Die Mongolen unter Dschingis Khan waren sehr grausam **gegen** die Bevölkerung der eroberten Länder.
   d. Sie war immer bedacht **auf** ein perfektes Äußeres.
   e. Der Junge war interessiert **an** Sachbüchern über Dinosaurier.
   f. Sie war sehr vertraut **mit** allen Besonderheiten der Kampfkunst.

2. a. Sie haben kein Interesse *an/~~für~~/~~zu~~* Erdkunde.
   b. Das ist ein Anzeichen *~~auf~~/~~von~~/für eine/~~einer~~* Blinddarmentzündung.
   c. Er zieht die Konsequenz *~~über~~/aus ~~ihr~~/ihrem* Verhalten.
   d. Er hat heftige Kritik *~~gegen~~/an/~~über~~ ~~ihre~~/ihrer* Fahrweise geübt.
   e. Der Opa hat ein Bedürfnis *~~für~~/nach/~~zu~~* Ruhe.
   f. Leider zeigt er keinen Respekt *~~gegen~~/~~für~~/vor ~~den~~/dem* Lehrer.
   g. In diesem Jahr gibt es einen Überfluss *an/~~von~~* Äpfeln.
   h. Der Junge hat eine starke Ähnlichkeit *~~zu~~/mit* seinem Vater.
   i. Das muss in Analogie *~~mit~~/zu/~~auf~~ dem/~~das~~* Bild aus der Frühphase des Malers gesehen werden.

Name: Klasse: Datum:

U	M	O
2	1	1

Präpositionen korrekt wählen (II)

Problem
„Ich fahre *nach* Oma." Natürlich lautet der Satz richtig: „Ich fahre *zu* Oma." Verben die passenden Präpositionen zuzuordnen bereitet häufig Probleme. Bei Verben können oft verschiedene Präpositionen verwendet werden. Die Verwendung hängt von der jeweiligen Situation ab.

Lösung
Es ist hilfreich, feste Zuordnungen von Verben und Präpositionen zu üben, um an sprachlicher Sicherheit zu gewinnen.

Training

1. Füge jeweils eine richtige Präposition aus dem Wörtervorrat ein. Achtung: Es stehen mehr Präpositionen im Wörtervorrat, als gebraucht werden.

   über – für – von – an – aus – mit – zu – bei – auf

   a. Ich gehe _________ Bäcker Schmitz.
   b. Er sagt am Handy: „Ich bin __________ Bäcker Schmitz."
   c. Seine anstrengende Tante möchte er morgen nicht sehen, aber er freut sich sehr ___________ die Geburtstagstorte.
   d. Als seine Freunde eintrafen, freute er sich sehr __________ die vielen Geschenke.
   e. Er erfreute sich ___________ allem, was er auf dem Geschenktisch wahrnahm.
   f. Das Verfahren kann man auch __________ die Reinigung von Böden anwenden.
   g. Das resultiert ___________ seinem Verhalten in den letzten Jahren.

2. Streiche in den folgenden Sätzen die falschen Präpositionen und Artikel- und Adjektivformen durch.

   a. Er hat sich *um/auf/für* die Stelle eines Hausmeisters beworben.
   b. Er hat sich *bei/in/für eine/einer spanische/spanischen* Firma beworben.
   c. Er nimmt *bei/an* den Bundesjugendspielen nicht teil, weil er sich den Knöchel verletzt hat.
   d. Auf der Klassenfahrt erkundigen sich die Schülerinnen *nach/über dem/den* Weg zur Jugendherberge.
   e. Im Moment leidet er *unter/an* einer heilbaren Krankheit, trotzdem leidet seine Frau *unter/an* diesen Umständen.
   f. Er hat eine Vorliebe *zu/für diesen/diesem* gruseligen Film.
   g. Mit 16 Jahren habe ich doch ein Recht *auf/zur* Selbstbestimmung.
   h. Seine Reaktion *gegen/auf* das Ausgehverbot war heftig.

Name: Klasse: Datum:

U	M	O
2	1	1

Präpositionen korrekt wählen (II)

Lösungen

1. a. Ich gehe **zu** Bäcker Schmitz.
   b. Er sagt am Handy: „Ich bin **bei** Bäcker Schmitz."
   c. Seine anstrengende Tante möchte er morgen nicht sehen, aber er freut sich sehr **auf** die Geburtstagstorte.
   d. Als seine Freunde eintrafen, freute er sich sehr **über** die vielen Geschenke.
   e. Er erfreute sich **an** allem, was er auf dem Geschenktisch wahrnahm.
   f. Das Verfahren kann man auch **auf** die Reinigung von Böden anwenden.
   g. Das resultiert **aus** seinem Verhalten in den letzten Jahren.

2. a. Er hat sich *um*/*auf*/~~*für*~~ die Stelle eines Hausmeisters beworben.
   b. Er hat sich *bei*/~~*in*~~/~~*für*~~ ~~*eine*~~/*einer* ~~*spanische*~~/*spanischen* Firma beworben.
   c. Er nimmt ~~*bei*~~/*an* den Bundesjugendspielen nicht teil, weil er sich den Knöchel verletzt hat.
   d. Auf der Klassenfahrt erkundigen sich die Schülerinnen *nach*/~~*über*~~ *dem*/~~*den*~~ Weg zur Jugendherberge.
   e. Im Moment leidet er ~~*unter*~~/*an* einer heilbaren Krankheit, trotzdem leidet seine Frau *unter*/~~*an*~~ diesen Umständen.
   f. Er hat eine Vorliebe ~~*zu*~~/*für* *diesen*/~~*diesem*~~ gruseligen Film.
   g. Mit 16 Jahren habe ich doch ein Recht *auf*/~~*zur*~~ Selbstbestimmung.
   h. Seine Reaktion ~~*gegen*~~/*auf* das Ausgehverbot war heftig.

Hinweis

Wenn man Richtungen angibt, kann man in der deutschen Sprache sowohl die Präposition *nach* als auch *zu* verwenden, allerdings nicht beliebig:

Wenn es um eine Stadt, ein Land oder eine Insel geht, verwendet man *nach*. Beispiel: „Er fährt morgen *nach* Paris."
Wenn es um eine Person, ein Geschäft etc. geht, ist die Präposition *zu* richtig. Beispiel: „Sie fährt heute *zu* ihrer Tante."

Name: Klasse: Datum:

U	M	O
3	2	1

Nach Präpositionen den richtigen Kasus wählen (I)

Problem

Heißt es „entsprechend *meines Alters*" oder „entsprechend *meinem Alter*"? Im alltäglichen Sprachgebrauch und auch beim Schreiben von Texten tauchen solche Zweifelsfälle häufig auf. Der Kasus, der nach einer bestimmten Präposition folgt, ist normalerweise eindeutig geregelt. Zum Beispiel muss nach *entsprechend* der Dativ stehen. Manchmal sind verschiedene Fälle möglich (zum Beispiel Genitiv oder Dativ nach *trotz*).

Lösung

Die Kasusverwendung nach Präpositionen sollte man trainieren, um Fehler zu vermeiden. Dabei muss man oft der Versuchung widerstehen, statt des Genitivs fälschlicherweise den Dativ zu verwenden.

Training

1. Der Sprachkritiker Bastian Sick veröffentlichte ein Taschenbuch mit dem Titel „Der Dativ ist dem Genitiv sein Tod". In diesem Buchtitel wurde absichtlich ein falscher Kasus gewählt. Unterstreiche den falschen Kasus und korrigiere dann den Titel, indem du den richtigen Kasus wählst:

2. Auf die folgenden Präpositionen folgt entweder der Genitiv oder der Dativ. Trage die Präpositionen in die Tabelle ein. Überlege dir jeweils einen passenden Satz, um die Entscheidung treffen zu können.

einschließlich – entsprechend – gemäß – statt – zufolge – binnen – außerhalb – kraft – mittels – nahe – namens – seitens – trotz – während – anhand – abzüglich – aufgrund – außer – infolge – entgegen – inklusive – inmitten – samt

Genitiv	Dativ

Name: Klasse: Datum:

U	M	O
3	2	1

Nach Präpositionen den richtigen Kasus wählen (I)

Lösungen

1. Der Dativ ist des Genitivs Tod./Der Dativ ist der Tod des Genitivs.

2.

Genitiv		Dativ
einschließlich	**während**	**entsprechend**
statt	**anhand**	**gemäß**
außerhalb	**abzüglich**	**binnen**
kraft	**aufgrund**	**zufolge**
mittels	**infolge**	**nahe**
namens	**inklusive**	**außer**
seitens	**inmitten**	**entgegen**
trotz		**samt**

Beispielsätze für die Präpositionen mit Genitiv:

Einschließlich der Kinder waren es 26 Personen.

Statt eines Tadels erwartete ihn eine Woche Arrest.

Außerhalb des Sperrbezirks kann die Demonstration stattfinden.

Kraft seines Amtes hat er entschieden, dass wir alles abbrechen.

Mittels eines Dietrichs konnte die Tür geöffnet werden.

Namens des gesamten Vorstandes gratulierte er ihr zum Geburtstag.

Seitens seiner Eltern gab es keine Einwände.

Trotz des Regens sind sie losgegangen.

Während des Spaziergangs begann es zu stürmen.

Anhand einer Karte konnten sie den Weg zurück finden.

Abzüglich eines Honorars für die Beratung bleiben ihnen 3200 Euro übrig.

Aufgrund eines Oberleitungsdefekts fällt der Zug aus.

Infolge eines Kurzschlusses fiel der Strom aus.

Inklusive einer Zulage verdiente er 5000 Euro.

Inmitten ihrer Kinder fühlten sie sich sehr wohl.

Beispielsätze für die Präpositionen mit Dativ:

Sie haben alles *entsprechend* den Vorgaben ihres Chefs ausgeführt.

Gemäß einem neuen Gesetz kann die Straße nun gebaut werden.

Binnen zwei Jahren zog er fünfmal um.

Seinen Angaben *zufolge* flüchtete der Dieb über den Balkon.

Nahe dem Haus liegt eine Bombe aus dem Zweiten Weltkrieg.

Außer seinem Onkel waren alle Verwandten anwesend.

Entgegen dem ersten Eindruck hat er sich bewährt.

Samt allen Unterlagen füllten die Beweise zwei Container.

Name: Klasse: Datum:

U	M	O
3	2	1

Nach Präpositionen den richtigen Kasus wählen (II)

Training

1. Streiche in den folgenden Sätzen den falschen Kasus durch.

   a. Einschließlich *dem Dachständer/des Dachständers* und weiterer Extras kostete das Auto 32 000 Euro.

   b. Die Wohnung wurde entsprechend *unseres Vorschlags/unserem Vorschlag* eingerichtet.

   c. Statt *einem Brief/eines Briefes* schickte sie ihm eine E-Mail.

   d. Trotz *seinem schlechten Ruf/seines schlechten Rufs* blieb sie an seiner Seite.

   e. Er fand ihn mithilfe *seines Handys/seinem Handy.*

   f. Bei dem Autoeinbruch wurden alle beweglichen Gegenstände samt *seinem Navigationsgerät/ seines Navigationsgerätes* gestohlen.

   g. Wegen *dem Fußballspiel/des Fußballspiels* war kein Mensch auf der Straße zu sehen.

   h. Bezüglich *unserem Befreiungsantrag/unseres Befreiungsantrags* konnte uns der Beamte keine Hoffnungen machen.

   i. In der Diskothek befanden sich viele Jugendliche *unter 18 Jahre/unter 18 Jahren.*

2. Setze die richtigen Kasusendungen ein. Achtung: Nicht jede Leerstelle muss ausgefüllt werden.

   a. Anhand sein___ Unterlagen___ konnte er erkennen, wann das Paket hätte eintreffen müssen.

   b. Aufgrund dies___ Fehler___ konnte er kein „sehr gut" mehr bekommen.

   c. Inklusive d___ Lackschaden___ kostete die Reparatur 1500 Euro.

   d. Während d___ Essen___ entwickelte sich plötzlich eine Rauchwolke hinter dem Fernseher.

   e. Das Gericht entschied nach langer Verhandlung zugunsten d___ Angeklagt___.

   f. Gemäß ihr___ Wunsch___ wurde die Feier um eine Woche verschoben.

   g. Der Hauptbahnhof liegt gegenüber d___ Dom___.

3. In einigen Fällen folgt auf eine Präposition auch ein Akkusativ. In der folgenden Übung musst du entscheiden, ob das in Klammern angegebene Wort im Nominativ, Genitiv, Dativ oder Akkusativ eingesetzt werden muss.

   a. ______________________ betreffend gab es in der Firma keine klaren Regelungen. (der Arbeitsschutz)

   b. Unweit ______________________ wurde eine Leiche gefunden. (der Tümpel)

   c. Je ______________________ mussten wir für den Leihwagen 70 Euro bezahlen. (angebrochener Tag)

   d. Nahe ______________________ sollte ein Windpark errichtet werden. (der Wald)

   e. Wider ______________________ geschieht in der Firma nichts. (sein Wille)

Name: Klasse: Datum:

U	M	O
3	2	1

Nach Präpositionen den richtigen Kasus wählen (II)

Lösungen

1. a. Einschließlich ~~dem Dachständer~~/*des Dachständers* und weiterer Extras kostete das Auto 32 000 Euro.
   b. Die Wohnung wurde entsprechend ~~unseres Vorschlags~~/*unserem Vorschlag* eingerichtet.
   c. Statt ~~einem Brief~~/*eines Briefes* schickte sie ihm eine E-Mail.
   d. Trotz ~~seinem schlechten Ruf~~/*seines schlechten Rufs* blieb sie an seiner Seite.
   e. Er fand ihn mithilfe *seines Handys*/~~seinem Handy~~.
   f. Bei dem Autoeinbruch wurden alle beweglichen Gegenstände samt *seinem Navigationsgerät*/~~seines Navigationsgerätes~~ gestohlen.
   g. Wegen ~~dem Fußballspiel~~/*des Fußballspiels* war kein Mensch auf der Straße zu sehen.
   h. Bezüglich ~~unserem Befreiungsantrag~~/*unseres Befreiungsantrags* konnte uns der Beamte keine Hoffnungen machen.
   i. In der Diskothek befanden sich viele Jugendliche ~~unter 18 Jahre~~/*unter 18 Jahren*.

2. a. Anhand sein**er** Unterlagen— konnte er erkennen, wann das Paket hätte eintreffen müssen.
   b. Aufgrund dies**es** Fehler**s** konnte er kein „sehr gut" mehr bekommen.
   c. Inklusive d**es** Lackschaden**s** kostete die Reparatur 1500 Euro.
   d. Während d**es** Essen**s** entwickelte sich plötzlich eine Rauchwolke hinter dem Fernseher.
   e. Das Gericht entschied nach langer Verhandlung zugunsten d**es** Angeklagt**en**.
   f. Gemäß ihr**em** Wunsch— wurde die Feier um eine Woche verschoben.
   g. Der Hauptbahnhof liegt gegenüber d**em** Dom—.

3. a. **Den Arbeitsschutz** betreffend gab es in der Firma keine klaren Regelungen. (Akkusativ)
   b. Unweit **des Tümpels** wurde eine Leiche gefunden. (Genitiv)
   c. Je **angebrochener Tag/angebrochenen Tag** mussten wir für den Leihwagen 70 Euro bezahlen. (Nominativ oder Akkusativ)
   d. Nahe **dem Wald** sollte ein Windpark errichtet werden. (Dativ)
   e. Wider **seinen Willen** geschieht in der Firma nichts. (Akkusativ)

Hinweis

In einigen Fällen können Präpositionen entweder vor oder nach der zugehörigen Substantivkonstruktion stehen. Beispiel:

- Die Wohnung wurde *entsprechend* unserem Vorschlag eingerichtet.
- Die Wohnung wurde unserem Vorschlag *entsprechend* eingerichtet.

Name: Klasse: Datum:

U	M	O
2	2	1

Kasusendungen nicht vergessen

Problem

„Wir treffen uns mit dem *Bauer*." In der Umgangssprache werden Genitiv-, Dativ- und Akkusativendungen inzwischen oft weggelassen. In geschriebenen Texten gilt das als Regelverletzung. Der Sprachkritiker Bastian Sick spricht beim Dativ sogar von einem „Kasus Verschwindibus".

Lösung

Das Problem tritt hauptsächlich bei Substantiven im Maskulinum auf. Daher muss man bei ihnen besonders aufpassen. Betroffen sind die Substantive der schwachen Deklinationsklasse mit den folgenden Singularendungen:

Nominativ	*der Prinz*
Genitiv	*des Prinz**en***
Dativ	*dem Prinz**en***
Akkusativ	*den Prinz**en***

Für viele sind die Kasusendungen nach Präpositionen besonders schwierig. Im oben genannten Beispiel müsste es richtig heißen: „Wir treffen uns mit dem *Bauern*." Beim Schreiben von Texten sollte man sich strikt an die Kasusvorgaben halten, die für Präpositionen vorgegeben sind. Zum Beispiel erfordert die Präposition *mit* einen Dativ und die Präposition *über* einen Akkusativ oder einen Dativ.

Training

1. Das Wort in der Lücke muss in einem bestimmten Kasus stehen. Trage diesen Kasus in die Klammer ein. Füge dann das in Klammern angegebene Substantiv in diesem Kasus ein.

   a. Können Sie bitte __________ Schulz aus dem Lehrerzimmer holen? (Herr/__________)

   b. Nach einigen Kilometern haben sie die Spur des __________ verloren. (Bär/__________)

   c. Wer kann mich über diesen __________ Meier informieren? (Herr/__________)

   d. Ich glaube, dass __________ Schmitz die Klausuren schon korrigiert hat. (Herr/__________)

   e. Tierschützer müssten sich für den __________ und andere bedrohte Tierarten einsetzen. (Leopard/__________)

   f. Der Kanzler fliegt mit dem __________ nach China. (Präsident/__________)

   g. Den __________ haben wir gestern schon mal auf dem Parkplatz getroffen. (Tourist/__________)

   h. Sie hatte dem __________ einen Brief geschrieben. (Bundestagskandidat/__________)

   i. Meine Schwester ist mit einem __________ liiert. (Abiturient/__________)

   j. Der Klimawandel wäre ohne den __________ weniger stark ausgeprägt. (Mensch/__________)

   k. Die Politiker haben sich über diesen __________ sehr aufgeregt. (Journalist/__________)

Name: Klasse: Datum:

U	M	O
2	2	1

Kasusendungen nicht vergessen

Lösungen

1. a. Können Sie bitte **Herrn** Schulz aus dem Lehrerzimmer holen? (Herr/**Akkusativ**)
   b. Nach einigen Kilometern haben sie die Spur des **Bären** verloren (Bär/**Genitiv**).
   c. Wer kann mich über diesen **Herrn** Meier informieren? (Herr/**Akkusativ**)
   d. Ich glaube, dass **Herr** Schmitz die Klausuren schon korrigiert hat. (Herr/**Nominativ**)
   e. Tierschützer müssten sich für den **Leoparden** und andere bedrohte Tierarten einsetzen. (Leopard/**Akkusativ**)
   f. Der Kanzler fliegt mit dem **Präsidenten** nach China. (Präsident/**Dativ**)
   g. Den **Touristen** haben wir gestern schon mal auf dem Parkplatz getroffen. (Tourist/**Akkusativ**)
   h. Sie hatte dem **Bundestagskandidaten** einen Brief geschrieben. (Bundestagskandidat/**Dativ**)
   i. Meine Schwester ist mit einem **Abiturienten** liiert. (Abiturient/**Dativ**)
   j. Der Klimawandel wäre ohne den **Menschen** weniger stark ausgeprägt. (Mensch/**Akkusativ**)
   k. Die Politiker haben sich über diesen **Journalisten** sehr aufgeregt. (Journalist/**Akkusativ**)

Info

Das Deutsche befindet sich auf dem Weg von einer synthetischen (zusammengesetzten) zu einer analytischen (Aussagen auseinandernehmenden, auf mehrere Wörter verteilenden) Sprache. Das heißt, dass vieles, was bisher durch Flexionsendungen ausgedrückt wurde, nun durch zusätzliche kürzere Wörter zum Ausdruck gebracht wird. Dadurch werden Kasusendungen tendenziell aufgegeben. Allerdings gelten vorerst noch die Regeln für eine synthetische Sprache.

Name: Klasse: Datum:

U	M	O
3	2	1

Nach Verben das richtige Objekt wählen (I)

Problem

„Er bezichtigte sie *dem Meineid.*" In diesem Satz wurde ein falsches Objekt gewählt. Richtig muss es heißen: „Er bezichtigte sie *des Meineids.*" Bei Verben des gehobenen Stils, die nicht sehr häufig verwendet werden, passieren solche Fehlgriffe häufiger.

Lösung

Für eine Reihe von Verben muss man sich die folgenden Kasuszuordnungen merken:

Verb		**verbunden mit**	
	Genitiv	**Dativ**	**Akkusativ**
bedürfen	x		
beharren auf		x	
berauben	x → Sachen		x → Personen
beschuldigen	x		
bestehen auf		x	
bezichtigen	x		
entbehren	x		x
entheben	x		
gedenken	x		
harren	x		
kündigen		x → Personen	x → Sachen
sich annehmen	x		
sich enthalten	x		
sich entledigen	x		
sich rühmen	x		
sich vergewissern	x		
unkundig sein	x		

Training

1. Setze jeweils die in Klammern angegebenen Wörter ein und verwende dabei den richtigen Kasus.
   a. Er hat mich ____________________ beraubt. (meine Jugend)
   b. Wir gedenken ______________________________. (die Toten der Weltkriege)
   c. Der Mann wurde ______________________________________ beschuldigt. (der heimtückische Mord)
   d. Die Geschäftspartner bestanden auf __________________________. (eine sofortige Lösung)
   e. Die Entscheidung bedarf ____. (eine sorgfältige Vorbereitung)
   f. Mancher römische Kaiser hat sich auf üble Weise ____________________________ entledigt. (seine Konkurrenten)
   g. Er hat ____________________ gekündigt, da er das Haus abreißen lassen will. (alle Mieter)
   h. Nach einigen Unregelmäßigkeiten wurde er ______________________ enthoben. (sein Amt).

Name: Klasse: Datum:

U	M	O
3	2	1

Nach Verben das richtige Objekt wählen (I)

Lösungen

1. a. Er hat mich **meiner Jugend** beraubt. (*berauben* → bei Sachen mit Genitiv)
   b. Wir gedenken **der Toten der Weltkriege**. (*gedenken* → mit Genitiv)
   c. Der Mann wurde **des heimtückischen Mordes** beschuldigt. (*beschuldigen* → mit Genitiv)
   d. Die Geschäftspartner bestanden auf **einer sofortigen Lösung**. (*bestehen auf* → mit Dativ; siehe Hinweis)
   e. Die Entscheidung bedarf **einer sorgfältigen Vorbereitung**. (*bedürfen* → mit Genitiv)
   f. Mancher römische Kaiser hat sich auf üble Weise **seiner Konkurrenten** entledigt. (*sich entledigen* → mit Genitiv)
   g. Er hat **allen Mietern** gekündigt, da er das Haus abreißen lassen will. (*kündigen* → bei Personen mit Dativ)
   h. Nach einigen Unregelmäßigkeiten wurde er **seines Amtes** enthoben. (*entheben* → mit Genitiv)

Hinweis

In seltenen Fällen wird nach *bestehen auf* außer dem Dativ auch der Akkusativ akzeptiert. Richtig wäre also auch: „Die Geschäftspartner bestanden auf *eine sofortige Lösung*."

Name: Klasse: Datum:

U	M	O
3	2	1

Nach Verben das richtige Objekt wählen (II)

Training

1. Streiche die falschen Formulierungen durch. Achte dabei auch darauf, ob nach dem Verb eine Präposition verwendet werden kann. Bestimme anschließend den Kasus der richtigen Formulierung.

   a. Trotz der guten Argumente der Gegenseite beharrte er *auf seine Meinung/auf seiner Meinung*.

   Kasus: ____________________

   b. Nach langem Zögern nahmen sie sich *dem Problem/des Problems* an.

   Kasus: ____________________

   c. Bevor er mit seinem Vortrag anfing, hatte er sich *der aufmerksamen Blicke/den aufmerksamen Blicken/über die aufmerksamen Blicke* der Zuhörer vergewissert.

   Kasus: ____________________

   d. Er wurde *des Mordes/dem Mord/wegen dem Mord/wegen des Mords* an seiner 80-jährigen Nachbarin bezichtigt.

   Kasus: ____________________

   e. *Der kleinen Reisetasche/Die kleine Reisetasche* konnte er so gerade noch entbehren.

   Kasus: ____________________

   f. Dieser Vorschlag entbehrt *jeder Vernunft/jede Vernunft/von jeder Vernunft*.

   Kasus: ____________________

   g. Der Hausbesitzer kündigte *sämtlichen Wohnungen/sämtliche Wohnungen* in diesem Mietshaus.

   Kasus: ____________________

   h. Der Bundestagsabgeordnete rühmte sich *für seine rhetorischen Fähigkeiten/seinen rhetorischen Fähigkeiten/seiner rhetorischen Fähigkeiten*.

   Kasus: ____________________

   i. Die gesamte Presse harrt *auf die Ankunft/der Ankunft* der Bundeskanzlerin.

   Kasus: ____________________

   j. Er war *über das Lesen/des Lesens/dem Lesen* unkundig, weil er in der Wildnis aufgewachsen war.

   Kasus: ____________________

Name: Klasse: Datum:

U	M	O
3	2	1

Nach Verben das richtige Objekt wählen (II)

Lösungen

1. a. Trotz der guten Argumente der Gegenseite beharrte er ~~*auf seine Meinung*~~/*auf seiner Meinung*.

   Kasus: **Dativ**

   b. Nach langem Zögern nahmen sie sich ~~*dem Problem*~~/*des Problems* an.

   Kasus: **Genitiv**

   c. Bevor er mit seinem Vortrag anfing, hatte er sich *der aufmerksamen Blicke*/~~*den aufmerksamen Blicken*~~/~~*über die aufmerksamen Blicke*~~ der Zuhörer vergewissert.

   Kasus: **Genitiv**

   d. Er wurde *des Mordes*/~~*dem Mord*~~/~~*wegen dem Mord*~~/~~*wegen des Mords*~~ an seiner 80-jährigen Nachbarin bezichtigt.

   Kasus: **Genitiv**

   e. ~~*Der kleinen Reisetasche*~~/*Die kleine Reisetasche* konnte er so gerade noch entbehren.

   Kasus: **Akkusativ**

   f. Dieser Vorschlag entbehrt *jeder Vernunft*/~~*jede Vernunft*~~/~~*von jeder Vernunft*~~.

   Kasus: **Genitiv**

   g. Der Hausbesitzer kündigte ~~*sämtlichen Wohnungen*~~/*sämtliche Wohnungen* in diesem Mietshaus.

   Kasus: **Akkusativ**

   h. Der Bundestagsabgeordnete rühmte sich ~~*für seine rhetorischen Fähigkeiten*~~/~~*seinen rhetorischen Fähigkeiten*~~/*seiner rhetorischen Fähigkeiten*.

   Kasus: **Genitiv**

   i. Die gesamte Presse harrt ~~*auf die Ankunft*~~/*der Ankunft* der Bundeskanzlerin.

   Kasus: **Genitiv**

   j. Er war ~~*über das Lesen*~~/*des Lesens*/~~*dem Lesen*~~ unkundig, weil er in der Wildnis aufgewachsen war.

   Kasus: **Genitiv**

Name: Klasse: Datum:

U	M	O
2	1	1

Vorzeitigkeit ausdrücken (I)

Problem

„Nachdem ich weggehe, kann der Wolf hier aufkreuzen." In diesem Satz sind die Tempora durcheinandergeraten. Soll dargestellt werden, dass eine Handlung vor einer anderen Handlung stattgefunden hat, muss Vorzeitigkeit verwendet werden.

Lösung

Finden zwei Handlungen gleichzeitig statt, wird auch das gleiche Tempus verwendet. Beispiel: „Als wir auf dem Schulhof waren, fing es an zu regnen." In diesem Fall wird die Präposition *als* verwendet. Finden zwei Handlungen nacheinander statt (Vorzeitigkeit), verwendet man z. B. die Präposition *nachdem*. Für die Darstellung von Vorzeitigkeit verwendet man zwei verschiedene Zeitenfolgen:

Basiszeit	**Vorzeitigkeit**
Präsens	Perfekt
Präteritum	Plusquamperfekt

Training

1. Entscheide, ob die Konjunktionen aus dem Wörtervorrat Gleichzeitigkeit oder Vorzeitigkeit ausdrücken, und schreibe sie in die entsprechende Zeile. Achtung: Manche Konjunktionen können sowohl Gleichzeitigkeit als auch Vorzeitigkeit ausdrücken.

   während – als – nachdem – solange

   a. Gleichzeitigkeit: ______________________________

   b. Vorzeitigkeit: ______________________________

2. In der folgenden Übung findest du jeweils zwei Aussagen. Entscheide, wie die zeitliche Reihenfolge der Vorkommnisse ist. Unterstreiche das Vorkommnis, das zeitlich am weitesten zurückliegt.

   a. Sein Fuß ist verstaucht. Er fällt vom Baum.

   b. Es regnet heftig. Die Straße ist überflutet.

   c. Er schreibt die Arbeit gut. Er übt zwei Stunden lang.

   d. Sie bläst zu viel Luft hinein. Der Luftballon platzt.

3. Berichte über die Vorkommnisse aus Aufgabe 2. Verwende dabei das Präteritum als Basiszeit. Achte darauf, dass das weiter zurückliegende Vorkommnis im Plusquamperfekt wiedergegeben werden muss. Verwende hierfür einen Nebensatz mit *nachdem*.

   a. ______________________________

   b. ______________________________

   c. ______________________________

   d. ______________________________

Name:	Klasse:	Datum:

U	M	O
2	1	1

Vorzeitigkeit ausdrücken (I)

Lösungen

1. a. Gleichzeitigkeit: **während**, **als**, **solange**
   b. Vorzeitigkeit: **als**, **nachdem**

2. a. Sein Fuß ist verstaucht. Er fällt vom Baum.
   b. Es regnet heftig. Die Straße ist überflutet.
   c. Er schreibt die Arbeit gut. Er übt zwei Stunden lang.
   d. Sie bläst zu viel Luft hinein. Der Luftballon platzt.

3. Es gibt immer zwei richtige Lösungen:
   a. Nachdem er vom Baum gefallen war, war sein Fuß verstaucht./
   Sein Fuß war verstaucht, nachdem er vom Baum gefallen war.
   b. Nachdem es heftig geregnet hatte, war die Straße überflutet./
   Die Straße war überflutet, nachdem es heftig geregnet hatte.
   c. Nachdem er zwei Stunden lang geübt hatte, schrieb er die Arbeit gut./
   Er schrieb die Arbeit gut, nachdem er zwei Stunden lang geübt hatte.
   d. Nachdem sie zu viel Luft hineingeblasen hatte, platzte der Luftballon./
   Der Luftballon platzte, nachdem sie zu viel Luft hineingeblasen hatte.

Hinweis

Außer der End- und der Frontstellung des Nebensatzes kann dieser auch in den Hauptsatz eingefügt werden. Beispiel: „Die Straße war, nachdem es heftig geregnet hatte, überflutet."

Name: Klasse: Datum:

U	M	O
2	1	1

Vorzeitigkeit ausdrücken (II)

Training

1. Konstruiere jeweils aus den beiden angegebenen Sätzen und der Konjunktion ein Satzgefüge mit Gleichzeitigkeit oder Vorzeitigkeit. Behalte jeweils in einem Satz die vorgegebene Basiszeit bei und wandle in dem anderen Satz das Tempus um, wenn es sich um Vorzeitigkeit handelt.

   a. Wir lagen auf der Wiese. Die Sonne schien. (solange)

   b. Die Klassenarbeit wurde zurückgegeben. Er saß bleich auf seinem Stuhl. (nachdem)

   c. Das Auto war in der Waschanlage. Wir fuhren in Urlaub. (nachdem)

   d. Er backt einen Kuchen. Er stellt alle Zutaten auf den Tisch. (nachdem)

   e. Sie kamen am See an. Eine Gewitterwolke schob sich vor die Sonne. (als)

   f. Es darf nicht gesprochen werden. Die Klassenarbeit wird geschrieben. (während)

2. Bestimme, ob es sich bei den Satzgefügen aus Aufgabe 1 um Gleichzeitigkeit (GZ) oder Vorzeitigkeit (VZ) handelt. Kreuze an. Gib außerdem die verwendeten Tempora an.

   a. ☐ GZ ☐ VZ ____________ d. ☐ GZ ☐ VZ ____________

   b. ☐ GZ ☐ VZ ____________ e. ☐ GZ ☐ VZ ____________

   c. ☐ GZ ☐ VZ ____________ f. ☐ GZ ☐ VZ ____________

3. Konstruiere aus den beiden angegebenen Sätzen ein Satzgefüge mit Gleichzeitigkeit oder Vorzeitigkeit. Verbinde die Sätze jeweils mit einer passenden Konjunktion und unterstreiche diese anschließend.

   a. Der Hund verschluckte einen kleinen Schuh. Er musste operiert werden.

   b. Das Fußballspiel lief. Er holte sich eine Flasche Bier.

   c. Er macht die Hausaufgaben. Die Musik läuft.

Name: Klasse: Datum:

U	M	O
2	1	1

Vorzeitigkeit ausdrücken (II)

Lösungen

1. Es gibt jeweils zwei richtige Lösungen:
   a. Solange die Sonne schien, lagen wir auf der Wiese./
   Wir lagen auf der Wiese, solange die Sonne schien.
   b. Nachdem die Klassenarbeit zurückgegeben worden war, saß er bleich auf seinem Stuhl./
   Er saß bleich auf seinem Stuhl, nachdem die Klassenarbeit zurückgegeben worden war.
   c. Nachdem das Auto in der Waschanlage gewesen war, fuhren wir in Urlaub./
   Wir fuhren in Urlaub, nachdem das Auto in der Waschanlage gewesen war.
   d. Nachdem er alle Zutaten auf den Tisch gestellt hat, backt er einen Kuchen./
   Er backt einen Kuchen, nachdem er alle Zutaten auf den Tisch gestellt hat.
   e. Als sie am See ankamen, schob sich eine Gewitterwolke vor die Sonne./
   Eine Gewitterwolke schob sich vor die Sonne, als sie am See ankamen.
   f. Während die Klassenarbeit geschrieben wird, darf nicht gesprochen werden./
   Es darf nicht gesprochen werden, während die Klassenarbeit geschrieben wird.

2. a. ☒ GZ ☐ VZ **Präteritum, Präteritum**
   b. ☐ GZ ☒ VZ **Präteritum, Plusquamperfekt**
   c. ☐ GZ ☒ VZ **Präteritum, Plusquamperfekt**
   d. ☐ GZ ☒ VZ **Präsens, Perfekt**
   e. ☒ GZ ☐ VZ **Präteritum, Präteritum**
   f. ☒ GZ ☐ VZ **Präsens, Präsens**

3. Es sind jeweils mehrere Lösungen möglich:
   a. Nachdem/Weil der Hund einen kleinen Schuh verschluckt hatte, musste er operiert werden./
   Der Hund musste operiert werden, nachdem/weil er einen kleinen Schuh verschluckt hatte.
   b. Während das Fußballspiel lief, holte er sich eine Flasche Bier./
   Er holte sich eine Flasche Bier, während das Fußballspiel lief.
   c. Während/Solange er die Hausaufgaben macht, läuft Musik./
   Es läuft Musik, während/solange er die Hausaufgaben macht.

Hinweis

Bei den Sätzen zu den Aufgaben 1 und 3 kann der Nebensatz jeweils auch in den Hauptsatz eingefügt werden.

Name: Klasse: Datum:

U	M	O
3	2	1

Den Konjunktiv der indirekten Rede angemessen verwenden (I)

Problem

„Er sagt, dass sie *krank wäre*./Er sagt, sie *würde krank sein*." In beiden Sätzen wird ein falscher oder unpassender Konjunktiv verwendet. Viele verwechseln den Konjunktiv I mit dem Konjunktiv II oder vermeiden den Konjunktiv, indem sie auf eine Umschreibung mit *würde* ausweichen.

Lösung

In geschriebenen Texten wird die indirekte Rede in der Regel mit dem Konjunktiv I oder II gebildet, während die Umschreibung mit *würde* eher umgangssprachlich ist. Für die Bildung des Konjunktivs gelten folgende Regeln:

– Der Konjunktiv I wird vom Infinitiv abgeleitet. Kennzeichen ist ein *e* nach dem Verbstamm.
– Wenn der Konjunktiv I nicht von der entsprechenden Indikativform zu unterscheiden ist, wird der Konjunktiv II gewählt, der vom Präteritum abgeleitet wird.

Infinitiv	Indikativ Präsens	Konjunktiv I
sagen	er sagt	er sage
kommen	er kommt	er komme
kommen	sie kommen	sie kommen (nicht vom Ind. Präs. zu unterscheiden)

↓

Infinitiv	Indikativ Präteritum	Konjunktiv II
kommen	sie kamen	sie kämen
tragen	sie trugen	sie trügen

– Der Konjunktiv II wird meist im Plural benötigt.
– Die beiden letzten Beispiele zeigen, dass bei der Ableitung des Konjunktivs II vom Präteritum bei starken Verben ein Umlaut von *a*, *o*, *u* zu *ä*, *ö*, *ü* erfolgt.

Training

1. Füge in die folgenden Sätze das in Klammern angegebene Verb in der richtigen Konjunktivform ein.

   a. Er behauptete, der Geldschein ________________ auf dem Tisch. (liegen)

   b. Die Mutter sagt uns, dass die Kinder ________________. (essen)

   c. Der Lehrer teilt mit, dass alle Klassen morgen nach Köln ________________. (fahren)

   d. Am Telefon sagte er seiner Mutter, dass er gerade die Hausaufgaben ________________. (machen)

   e. In der Zeitung stand, dass heute mit schlechtem Wetter zu rechnen ________________. (sein)

   f. Er berichtete, alle Bäume ________________ vom Sturm entwurzelt am Boden. (liegen)

   g. Sie behauptete, er ________________ immer alles weiter. (sagen)

   h. Sie teilte dem Gericht mit, dass sie die Entscheidung ________________. (akzeptieren)

   i. Sie stritten ab, dass sie parteiisch ________________. (sein)

Name: Klasse: Datum:

U	M	O
3	2	1

Den Konjunktiv der indirekten Rede angemessen verwenden (I)

Lösungen

1. a. Er behauptete, der Geldschein **liege** auf dem Tisch. (Konjunktiv I)
   b. Die Mutter sagt uns, dass die Kinder **äßen**. (Konjunktiv II)
   c. Der Lehrer teilt mit, dass alle Klassen morgen nach Köln **führen**. (Konjunktiv II)
   d. Am Telefon sagte er seiner Mutter, dass er gerade die Hausaufgaben **mache**. (Konjunktiv I)
   e. In der Zeitung stand, dass heute mit schlechtem Wetter zu rechnen **sei**. (Konjunktiv I)
   f. Er berichtete, alle Bäume **lägen** vom Sturm entwurzelt am Boden. (Konjunktiv II)
   g. Sie behauptete, er **sage** immer alles weiter. (Konjunktiv I)
   h. Sie teilte dem Gericht mit, dass sie die Entscheidung **akzeptiere**. (Konjunktiv I)
   i. Sie stritten ab, dass sie parteiisch **seien**. (Konjunktiv I)

Hinweis

Bei **schwachen Verben** (mit einem *t* in der Präteritumform, z. B. *redeten*) gibt es im Konjunktiv II **keinen Umlaut** bei a, o, u:

Infinitiv	Indikativ Präteritum	Konjunktiv II
schaffen	sie schafften	sie schafften
suchen	sie suchten	sie suchten

Weil sich in diesen Fällen auch der Konjunktiv II nicht vom Indikativ unterscheidet, wird z. T. die Umschreibung mit *würde* verwendet (*sie würden schaffen* statt *sie schafften*).

Die Beantwortung der Frage, welcher Konjunktiv in einem Satz der indirekten Rede verwendet werden muss, ist **unabhängig vom Tempus des zugehörigen Hauptsatzes**. Beispiele:

Er sagt, dass seine Freundin krank sei.
Er sagte, dass seine Freundin krank sei.
Er hatte gesagt, dass seine Freundin krank sei.
Er wird sagen, dass seine Freundin krank sei.

In diesen Beispielen wird für die Aussagen in Haupt- und Nebensatz **Gleichzeitigkeit** angenommen. Wenn **Vorzeitigkeit** ausgedrückt werden soll, wird die indirekte Rede **in die Vergangenheit** gesetzt. Beispiel:

Er sagt/sagte, dass seine Freundin krank gewesen sei.

Name: Klasse: Datum:

U	M	O
3	2	2

Den Konjunktiv der indirekten Rede angemessen verwenden (II)

Training

1. Füge in die folgenden Sätze die richtige Konjunktivform ein. Orientiere dich dabei an den Informationen im nachfolgenden Kasten.

Bildung des Konjunktivs von Gegenwarts- sowie Vergangenheits- und Zukunftsformen

- Bei der Gegenwartsform wird das Vollverb verwandelt:
  Er *geht*. → Er *gehe*.
- Bei den Vergangenheits- und Zukunftsformen wird nur ein Hilfsverb in den Konjunktiv gesetzt:
  Sie *wurden gefunden*. → Sie *seien gefunden worden*.
  Sie *sind gefunden worden*. → Sie *seien gefunden worden*.
  Sie *waren gefunden worden*. → Sie *seien gefunden worden*.
  Sie *werden finden*. → Sie *würden finden*.

a. Er sagt, das Wetter ~~ist~~ ______________ im Urlaub schlecht gewesen.

b. Sie sagt, sie ~~werden~~ ________________ das Haus verkaufen.

c. Er berichtet, das Wetter ~~war~~ ______________ im Urlaub schlecht ______________________.

d. Sie sagten, dass die Straße gesperrt gewesen ~~war~~ _______________.

e. Die Nachbarn erkundigten sich, wie lange dieser Krach denn nun noch dauern ~~wird~~ _______________.

f. Die Kinder beschwerten sich, dass die Nachbarn ihnen wieder das Taschenmesser abgenommen ~~haben~~ ________________.

g. Nach dem Referat erklärte der Lehrer, dass er keine aus dem Internet kopierten Texte mehr akzeptieren ~~wird~~ ________________.

2. In dem folgenden Text werden statt der korrekten Konjunktivformen Ersatzformen mit *würde*, *wäre* oder *hätte* verwendet. Unterstreiche diese Verbformen.

Gestern ist in einem Elektrogeschäft erneut ein Smartphone gestohlen worden. Die Polizei teilte dazu mit, dass es sich um ein Täterpaar handeln würde, das schon häufiger in Erscheinung getreten wäre. Die beiden Diebe würden immer einen bestimmten Trick anwenden: Nach dem Betreten des Ladens würde der eine Täter das Personal stark beschäftigen, viele Fragen stellen und Dinge aus dem Lager besorgen lassen, während der zweite Täter sich die Auslage der Smartphones anschauen würde. Ein Angestellter des Geschäfts erklärte, er hätte diese Machenschaften schon einmal bei anderen Dieben beobachtet, wäre jedoch erneut hereingelegt worden. Das würde ihn sehr ärgern. Anscheinend hätten die beiden Diebe sehr viel Ahnung von menschlicher Psychologie. Die Polizei teilte mit, dass am Ende der vermeintlichen Beratungsgespräche immer ein hochwertiges Smartphone fehlen würde. Sie erklärte zugleich, dass sie zurzeit noch im Dunkeln tappen würde, wer die Männer wären.

3. Ersetze die im Text von Aufgabe 2 unterstrichenen Verbformen durch passende Formen des Konjunktivs I und II. Schreibe den überarbeiteten Text auf ein gesondertes Blatt.

Name: Klasse: Datum:

U	M	O
3	2	2

Den Konjunktiv der indirekten Rede angemessen verwenden (II)

Lösungen

1. a. Er sagt, das Wetter ~~ist~~ **sei** im Urlaub schlecht gewesen. (Konjunktiv I)
   b. Sie sagt, sie ~~werden~~ **würden** das Haus verkaufen. (Konjunktiv II)
   c. Er berichtet, das Wetter ~~war~~ **sei** im Urlaub schlecht gewesen. (Konjunktiv I)
   d. Sie sagten, dass die Straße gesperrt gewesen ~~war~~ **sei**. (Konjunktiv I)
   e. Die Nachbarn erkundigten sich, wie lange dieser Krach denn nun noch dauern ~~wird~~ **werde**. (Konjunktiv I)
   f. Die Kinder beschwerten sich, dass die Nachbarn ihnen wieder das Taschenmesser abgenommen ~~haben~~ **hätten**. (Konjunktiv II)
   g. Nach dem Referat erklärte der Lehrer, dass er keine aus dem Internet kopierten Texte mehr akzeptieren ~~wird~~ **werde**. (Konjunktiv I)

2. Gestern ist in einem Elektrogeschäft erneut ein Smartphone gestohlen worden. Die Polizei teilte dazu mit, dass es sich um ein Täterpaar handeln würde, das schon häufiger in Erscheinung getreten wäre. Die beiden Diebe würden immer einen bestimmten Trick anwenden: Nach dem Betreten des Ladens würde der eine Täter das Personal stark beschäftigen, viele Fragen stellen und Dinge aus dem Lager besorgen lassen, während der zweite Täter sich die Auslage der Smartphones anschauen würde. Ein Angestellter des Geschäfts erklärte, er hätte diese Machenschaften schon einmal bei anderen Dieben beobachtet, wäre jedoch erneut hereingelegt worden. Das würde ihn sehr ärgern. Anscheinend hätten die beiden Diebe sehr viel Ahnung von menschlicher Psychologie. Die Polizei teilte mit, dass am Ende der vermeintlichen Beratungsgespräche immer ein hochwertiges Smartphone fehlen würde. Sie erklärte zugleich, dass sie zurzeit noch im Dunkeln tappen würde, wer die Männer wären.

3. Gestern ist in einem Elektrogeschäft erneut ein Smartphone gestohlen worden. Die Polizei teilte dazu mit, dass es sich um ein Täterpaar handle (Singular: Konjunktiv I), das schon häufiger in Erscheinung getreten sei (Singular: Konjunktiv I der Vergangenheitsform). Die beiden Diebe wendeten immer einen bestimmten Trick an (Plural: Konjunktiv II eines schwachen Verbs): Nach dem Betreten des Ladens beschäftige (Singular: Konjunktiv I) der eine Täter das Personal stark, stelle (Singular: Konjunktiv I) viele Fragen und lasse (Singular: Konjunktiv I) Dinge aus dem Lager besorgen, während der zweite Täter sich die Auslage der Smartphones anschaue (Singular: Konjunktiv I). Ein Angestellter des Geschäfts erklärte, er habe (Singular: Konjunktiv I) diese Machenschaften schon einmal bei anderen Dieben beobachtet, sei (Singular: Konjunktiv I) jedoch erneut hereingelegt worden. Das ärgere (Singular: Konjunktiv I) ihn sehr. Anscheinend hätten (korrekt verwendeter Konjunktiv) die beiden Diebe sehr viel Ahnung von menschlicher Psychologie. Die Polizei teilte mit, dass am Ende der vermeintlichen Beratungsgespräche immer ein hochwertiges Smartphone fehle (Singular: Konjunktiv I). Sie erklärte zugleich, dass sie zurzeit noch im Dunkeln tappe (Singular: Konjunktiv I), wer die Männer seien (Konjunktiv I, bei *sein* auch im Plural).

Name: Klasse: Datum:

U	M	O
2	2	1

Imperative richtig bilden

Problem

Heißt es *nimm das* oder *nehme das*? Bei den Befehlsformen (Imperativen) stark konjugierter Verben treten im Singular oft Probleme auf, weil fälschlicherweise der Vokal des Infinitivs beibehalten wird (*nehme* von *nehmen*). In einer Reihe von Fällen muss aber der Vokal *i* verwendet werden (*nimm*).

Lösung

Einen Wechsel vom Vokal *e* des Infinitivs zum Vokal *i* beim Imperativ Singular gibt es nur bei starken Verben, also Verben, die in der Konjugation ihren Stammvokal ändern (Beispiel: *n**e**hmen*, *n**a**hm*, *gen**o**mmen*, *n**i**mm*).

Training

1. Formuliere zu den folgenden Situationen jeweils einen Satz im Imperativ. Verwende hierfür die in Klammern angegebenen Verben.

   a. Eine Mutter möchte von ihrem Sohn die Butter haben. (geben)

   ______________________________!

   b. Eine Frau möchte, dass ihr Mann die Wäsche in den Schrank bringt. (legen)

   ______________________________!

   c. Ein Freund bietet seiner Freundin ein weiteres Brötchen an. (nehmen)

   ______________________________!

   d. Ein Vater braucht Hilfe von seinem Sohn bei der Gartenarbeit. (helfen)

   ______________________________!

   e. Eine Tochter fordert ihre Mutter dazu auf, ihr Bild aus dem Kunstunterricht zu betrachten. (ansehen)

   ______________________________!

   f. Der Arzt erinnert den jungen Patienten daran, das Röntgenbild mitzubringen. (denken an)

   ______________________________!

   g. Die Lehrerin fordert den Schüler auf, kein Papier auf den Boden fallen zu lassen. (werfen)

   ______________________________!

2. Ergänze die Imperativform im Singular. Überlege zunächst, ob es sich um ein starkes oder ein schwaches Verb handelt, und beachte die Regeln im Kasten.

   a. lesen → ____________
   b. reden → ____________
   c. gehen → ____________
   d. sprechen → ____________
   e. essen → ____________
   f. kleben → ____________
   g. schmelzen → ____________
   h. stellen → ____________
   i. merken → ____________
   j. sehen → ____________
   k. sterben → ____________
   l. verbergen → ____________
   m. fegen → ____________

Name:	Klasse:	Datum:

U	M	O
2	2	1

Imperative richtig bilden

Lösungen

1. a. *Gib* mir bitte die Butter! (*geben* = starkes Verb)
   b. *Leg/e* bitte die Wäsche in den Schrank! (*legen* = schwaches Verb)
   c. *Nimm* doch noch ein weiteres Brötchen. (*nehmen* = starkes Verb)
   d. *Hilf* mir doch bitte bei der Gartenarbeit. (*helfen* = starkes Verb)
   e. *Sieh* dir einmal mein Bild aus dem Kunstunterricht *an*. (*ansehen* = starkes Verb)
   f. *Denk/e an* dein Röntgenbild. (*denken an* = schwaches Verb)
   g. *Wirf* bitte kein Papier auf den Boden. (*werfen* = starkes Verb)

2. a. lesen → **lies** (stark)
   b. reden → **rede** (schwach)
   c. gehen → **geh** (schwach)
   d. sprechen → **sprich** (stark)
   e. essen → **iss** (stark)
   f. kleben → **kleb**/**e** (schwach)
   g. schmelzen → **schmilz** (stark)
   h. stellen → **stell**/**e** (schwach)
   i. merken → **merk**/**e** (schwach)
   j. sehen → **sieh** (stark)
   k. sterben → **stirb** (stark)
   l. verbergen → **verbirg** (stark)
   m. fegen → **feg**/**e** (schwach)

Info

Bei den meisten schwachen Verben sind Imperativformen mit einem Endungs-*e* möglich. Dieses -*e* kann aber auch weggelassen werden:

geh/geh*e*
quäl/quäl*e*

Endet das schwache Verb allerdings auf -*d* oder -*t*, muss das Endungs-*e* angehängt werden:

ret*te*
bin*de*
Bei Verben auf -*el* mit einem unbetonten *e* kann dieses im Imperativ Singular entfallen:

samm*ele*/samm*le*
bett*ele*/bett*le*
gamm*ele*/gamm*le*

Name: Klasse: Datum:

U	M	O
2	2	1

„…, wo er für kämpft, …" – Relativpronomen grammatisch korrekt verwenden

Problem

„…, wo er für kämpft, …" In der Umgangssprache neigt man dazu, Relativpronomen, die mit einer Präposition kombiniert sind, durch das Wort *wo* zu ersetzen. In anderen Fällen wird nicht grammatisch korrekt zwischen den Relativpronomen *das* und *was* unterschieden. Besonders in der Umgangssprache wird das Relativpronomen *was* inflationär gebraucht.

Lösung

Man sollte sich an folgende Regeln halten:
- Ein Relativpronomen, das mit einer Präposition kombiniert ist (Beispiel: „Das Parteiprogramm, *für das* er kämpft, …"), kann nie durch das Fragewort *wo* ersetzt werden.
- Das neutrale Relativpronomen *das* bezieht sich auf ein Substantiv im Neutrum im vorausgehenden Satz (Beispiel: „*Das Haus* mit der gelben Tür, *das* du dort siehst, …").
- Das Relativpronomen *was* bezieht sich auf die gesamte Aussage des vorhergehenden Satzes (Beispiel: „*Er ist der Sieger*, *was* ich immer noch nicht glauben kann.").
- Die Genitive der Relativpronomen lauten *dessen* und *deren* und können nicht mit der Präposition *von* kombiniert werden (Beispiel: „Die Schüler, *deren* Hefte …" und nicht „Die Schüler, *von denen* die Hefte …").

Training

1. Unterstreiche in den folgenden Sätzen die unpassende Formulierung. Schreibe den Satz anschließend in schriftsprachlichem Deutsch.

   a. Die Oma, wo ich aufgewachsen bin, wohnt in Mönchengladbach.

   ____

   b. Der Urlaub, wo ich Kitesurfen gelernt habe, war der beste meines Lebens.

   ____

   c. Das Auto, was hier an der Straße steht, gehört meinem Onkel.

   ____

   d. Die Partei, wo er gegen ist, wird von seinem Vater gewählt.

   ____

   e. Der Schüler, von dem die Schwester gestern in den Aasee gefallen ist, ist zu Hause geblieben.

   ____

   f. Die Leiter, wo er heruntergefallen ist, steht in der Garage.

   ____

   g. Hier kann man eine rhetorische Frage erkennen, wo sich meine nächste These draus ergibt.

   ____

   h. Das Strafverfahren, was gegen ihn eröffnet wurde, zieht sich lange hin.

   ____

   i. Das sind die Leute, von denen die Kinder das Auto zerkratzt haben.

   ____

Name: Klasse: Datum:

U	M	O
2	2	1

„…, wo er für kämpft, …" – Relativpronomen grammatisch korrekt verwenden

Lösungen

1. a. Die Oma, wo ich aufgewachsen bin, wohnt in Mönchengladbach.
   Die Oma, *bei der* ich aufgewachsen bin, wohnt in Mönchengladbach.

   b. Der Urlaub, wo ich Kitesurfen gelernt habe, war der beste meines Lebens.
   Der Urlaub, *in dem* ich Kitesurfen gelernt habe, war der beste meines Lebens.

   c. Das Auto, was hier an der Straße steht, gehört meinem Onkel.
   Das Auto, *das* hier an der Straße steht, gehört meinem Onkel.

   d. Die Partei, wo er gegen ist, wird von seinem Vater gewählt.
   Die Partei, *gegen die* er ist, wird von seinem Vater gewählt.

   e. Der Schüler, von dem die Schwester gestern in den Aasee gefallen ist, ist zu Hause geblieben.
   Der Schüler, *dessen* Schwester gestern in den Aasee gefallen ist, ist zu Hause geblieben.

   f. Die Leiter, wo er heruntergefallen ist, steht in der Garage.
   Die Leiter, *von der* er heruntergefallen ist, steht in der Garage.

   g. Hier kann man eine rhetorische Frage erkennen, wo sich meine nächste These draus ergibt.
   Hier kann man eine rhetorische Frage erkennen, *aus der* sich meine nächste These ergibt.

   h. Das Strafverfahren, was gegen ihn eröffnet wurde, zieht sich lange hin.
   Das Strafverfahren, *das* gegen ihn eröffnet wurde, zieht sich lange hin.

   i. Das sind die Leute, von denen die Kinder das Auto zerkratzt haben.
   Das sind die Leute, *deren* Kinder das Auto zerkratzt haben.

Name: Klasse: Datum:

U	M	O
2	1	1

Grammatisch zwischen ähnlichen Wörtern unterscheiden: *soviel* und *so viel* usw. (I)

Problem

Schreibt man *soweit* oder *so weit*? Beide Schreibungen kommen vor und es fällt nicht leicht, sie zu unterscheiden. Im Satzzusammenhang kann man allerdings Unterschiede erkennen, die eine Entscheidung zulassen.

Lösung

In Sätzen haben Wörter wie *sobald* oder *so bald* verschiedene Bedeutungen und Funktionen, die eine Getrennt- oder Zusammenschreibung begründen. Als Faustregel kann gelten: Wenn Wörter dieser Art als Konjunktionen (zur Einleitung eines Nebensatzes) verwendet werden, muss man sie zusammenschreiben. In anderen Fällen werden sie getrennt geschrieben:

Konjunktion	sonstige Verwendung
soweit	so weit
indem	in dem
sobald	so bald
soviel	so viel
(in)sofern	so fern
sowenig	so wenig
sosehr	so sehr
solange	so lange
sooft	so oft

Das gleiche Problem tritt zum Beispiel auch bei *daraufhin/darauf hin* und bei Zusammenfügungen mit *zu* auf (Beispiel: *zulegen/zu legen/zuzulegen*).

Training

1. Setze jeweils eines der Wörter aus dem Kasten in die folgenden Sätze ein. Prüfe dabei, ob es sich um eine Konjunktion zur Einleitung eines Nebensatzes handelt oder nicht.

   a. ______________ ich weiß, gehört dieses Grundstück unserem Nachbarn.

   b. Ihr müsst ______________ gehen, bis ihr links eine große Eiche seht.

   c. Dann war es endlich ______________; wir konnten mit dem Essen beginnen.

   d. Wir sollten ______________ Wasser verspritzen wie möglich.

   e. ______________ ihm dies gefiel, musste er sich dieser Aufgabe nun stellen.

   f. ______________ ich weiß, ist das Gedicht von Heinrich Heine.

   g. Er aß ______________, bis er sich nicht mehr bewegen konnte.

   h. Er liebte seine Frau ______________, dass er ihr jeden Wunsch erfüllte.

   i. Er konnte die Aufgabe nicht lösen, ______________ er sich auch bemühte.

   j. Ich bleibe hier, ______________ es regnet.

   k. Er blieb ______________ hier, bis die Sonne herauskam.

   l. Er finanzierte sich sein Studium, ______________ er kellnerte.

   m. Das ist der Schrank, ______________ du die Unterlagen findest.

Name: Klasse: Datum:

U	M	O
2	1	1

Grammatisch zwischen ähnlichen Wörtern unterscheiden: *soviel* und *so viel* usw. (I)

Lösungen

1. a. **Soweit** ich weiß, gehört dieses Grundstück unserem Nachbarn. (*soweit* = in dem Maße, wie ...)
   b. Ihr müsst **so weit** gehen, bis ihr links eine große Eiche seht. (*so weit* = Entfernung)
   c. Dann war es endlich **so weit**; wir konnten mit dem Essen beginnen. (*so weit* = ein Zeitpunkt ist erreicht)
   d. Wir sollten **so wenig** Wasser verspritzen wie möglich. (*so wenig* = Mengenangabe)
   e. **Sowenig** ihm dies gefiel, musste er sich dieser Aufgabe nun stellen. (*sowenig* = obwohl nicht)
   f. **Soviel** ich weiß, ist das Gedicht von Heinrich Heine. (*soviel* = soweit)
   g. Er aß **so viel**, bis er sich nicht mehr bewegen konnte. (*so viel* = Mengenangabe)
   h. Er liebte seine Frau **so sehr**, dass er ihr jeden Wunsch erfüllte. (*so sehr* = Ausmaß)
   i. Er konnte die Aufgabe nicht lösen, **sosehr** er sich auch bemühte. (*soseh*r = wie sehr)
   j. Ich bleibe hier, **solange** es regnet. (*solange* = Konjunktion im Nebensatz zur Angabe eines Zeitraums)
   k. Er blieb **so lange** hier, bis die Sonne herauskam. (*so lange* = Angabe eines Zeitraums im Hauptsatz)
   l. Er finanzierte sich sein Studium, **indem** er kellnerte. (*indem* = Konjunktion im Nebensatz, die angibt, wie etwas geschieht)
   m. Das ist der Schrank, **in dem** du die Unterlagen findest (*in dem* = Präposition + Relativpronomen als Ortsangabe)

Name: Klasse: Datum:

U	M	O
2	2	1

Grammatisch zwischen ähnlichen Wörtern unterscheiden: *soviel* und *so viel* usw. (II)

Training

1. Streiche in den folgenden Sätzen die falsche Schreibung durch.

   a. Der Student arbeitet *darauf hin*/*daraufhin*, das Studium in spätestens einem Jahr zu beenden.

   b. Die Klassenarbeit fiel bei ihm sehr schlecht aus, *darauf hin*/*daraufhin* bekam er Nachhilfe.

   c. *So bald*/*Sobald* sie in London eingetroffen waren, fing es an zu regnen.

   d. Er wollte *so bald*/*sobald* wie möglich seine Freundin wiedersehen.

   e. *So fern*/*Sofern* du etwas von dem Unfall mitbekommen hast, solltest du dich sofort bei der Polizei melden.

   f. Sie wollte mir nicht helfen, *so oft*/*sooft* ich sie auch darum bat.

   g. An seinem Arbeitsplatz hatte er *so oft*/*sooft* privat gechattet, dass er schließlich von seinem Chef einbestellt wurde.

2. Setze jeweils eines der Wörter aus dem Kasten in die Sätze darunter ein.

Zusammenschreibung		**Getrenntschreibung**	
…, *sodass*	(nebensatzeinleitende Konjunktion; auch *so dass*, vergleiche Hinweis auf der Lösungsseite)	*so (…), dass*	(*so* ist Teil des Hauptsatzes)
sowie	(nebensatzeinleitende Konjunktion, im Sinne von *sobald*)	*so (…) wie*	(in Vergleichen)
umso	(Vergleich, Beispiel: „je größer, *umso* besser“)	*um so*	(*um* ist Teil eines Infinitivs, ein Zweck wird ausgedrückt)
sogenannt	(deklinierbares Adjektiv, Beispiel: „*sogenannte* Raubkopien“, auch „*so genannte* Raubkopien“)	*so genannt*	(*so* als Adverb, Beispiel: „Seit seiner Geburt wird er *so genannt.*“)

Tipp
Bei Zusammenschreibungen wird oft nur eines der beiden Wortbestandteile betont, bei Getrenntschreibung werden beide betont.

a. ______________________ ich fertig bin, komme ich vorbei.

b. Sie errichteten eine Strandmuschel, ______________________ vor der Sonne geschützt zu sein.

c. Schnucki. Von ihrem Mann wird sie seit Jahren ______________________.

d. Sie verletzte sich ______________________ sie ins Krankenhaus gebracht werden musste.

e. Es wurde ______________________ dunkler, je tiefer sie in den Wald eindrangen.

f. Während ihrer Depression musste sie einen ______________________ Aufheller einnehmen.

Name: Klasse: Datum:

U	M	O
2	2	1

Grammatisch zwischen ähnlichen Wörtern unterscheiden: *soviel* und *so viel* usw. (II)

Lösungen

1. a. Der Student arbeitet *darauf hin*/~~*daraufhin*~~, das Studium in spätestens einem Jahr zu beenden.
   b. Die Klassenarbeit fiel bei ihm sehr schlecht aus, ~~*darauf hin*~~/*daraufhin* bekam er Nachhilfe.
   c. ~~*So bald*~~/*Sobald* sie in London eingetroffen waren, fing es an zu regnen.
   d. Er wollte *so bald*/~~*sobald*~~ wie möglich seine Freundin wiedersehen.
   e. ~~*So fern*~~/*Sofern* du etwas von dem Unfall mitbekommen hast, solltest du dich sofort bei der Polizei melden.
   f. Sie wollte mir nicht helfen, ~~*so oft*~~/*sooft* ich sie auch darum bat.
   g. An seinem Arbeitsplatz hatte er *so oft*/~~*sooft*~~ privat gechattet, dass er schließlich von seinem Chef einbestellt wurde.

2. a. **Sowie** ich fertig bin, komme ich vorbei. (nebensatzeinleitende Konjunktion)
   b. Sie errichteten eine Strandmuschel, **um so** vor der Sonne geschützt zu sein. (das *um* bildet mit *geschützt zu sein* einen erweiterten Infinitiv)
   c. Schnucki. Von ihrem Mann wird sie seit Jahren **so genannt**. (*so* als Adverb zu der Verbform *genannt*)
   d. Sie verletzte sich**, sodass/so dass** sie ins Krankenhaus gebracht werden musste. (nebensatzeinleitende Konjunktion; beide Schreibungen möglich)
   oder:
   Sie verletzte sich **so, dass** sie ins Krankenhaus gebracht werden musste. (*so* ist Bestandteil des Hauptsatzes, *dass* ist nebensatzeinleitende Konjunktion)
   e. Es wurde **umso** dunkler, je tiefer sie in den Wald eindrangen. (Vergleich)
   f. Während ihrer Depression musste sie einen **sogenannten/so genannten** Aufheller einnehmen. (deklinierbares Adjektiv; beide Schreibungen möglich)

Hinweis

Die Konjunktion *sodass* kann auch getrennt geschrieben werden, ohne dass sich der Sinn oder die grammatische Funktion ändert:

– Er stürzte mit dem Fahrrad, *sodass* er ärztlich behandelt werden musste.
– Er stürzte mit dem Fahrrad, *so dass* er ärztlich behandelt werden musste.

Name:	Klasse:	Datum:

U	M	O
2	1	1

Grammatisch zwischen ähnlichen Wörtern unterscheiden: *zu stellen* und *zustellen* usw.

Problem

„Der Briefträger wollte das Paket *zu stellen/zustellen*.“ Die zweite Schreibung ist richtig. Bei Zusammensetzungen mit dem Wort *zu* ist es nicht einfach, sich zwischen Getrennt- oder Zusammenschreibung zu entscheiden.

Lösung

Die Getrennt- und Zusammenschreibung kann man anhand der grammatischen Funktion und der Betonung unterscheiden:

Getrenntschreibung	Zusammenschreibung
Verb wird betont (Beispiel: *zu schließen*)	*zu* wird betont (Beispiel: *zuschließen*)
zu in Verbindung mit dem Infinitiv	*zu* als Vorsilbe des Verbs

Training

1. Vervollständige die folgenden Sätze mit einer Formulierung aus dem Kasten. Tipp: Die unterlegten Wortteile werden betont (bei Getrenntschreibung das Verb, bei Zusammenschreibung das *zu*).

zu schließen	zu parken	zu stellen	zu sagen	zu legen
zuschließen	zuparken	zustellen	zusagen	zulegen
zuzuschließen	zuzuparken	zuzustellen	zuzusagen	zuzulegen

a. Die Tür ist nicht leicht ______________________.

b. Ich habe vergessen, die Tür ______________________.

c. Könntest du bitte noch die Kellertür ______________________?

d. Dazu hatte er nichts mehr ______________________.

e. Eine Lieferung bis zur nächsten Woche konnte das Möbelhaus leider nicht ______________________.

f. Sie hatten vergessen, für die Party ______________________.

g. In einigen Ländern ist es nicht unüblich, abgestellte Autos ______________________.

h. Die Gastgeber hatten empfohlen, den Wagen um die Ecke ______________________.

i. Eine Einfahrt sollte man nicht ______________________.

j. Die Post hat zugesichert, Briefe auch in den entlegensten Bauernhöfen ______________________.

k. Der Caterer hatte versprochen, auch 100 Gläser zur Verfügung ______________________.

l. Diese Wand sollten wir nicht komplett mit Schränken ______________________.

m. Auf dieser Autobahn können wir an Geschwindigkeit ______________________.

n. Er hatte vergessen, den Schlüssel unter die Fußmatte ______________________.

o. Sie beschloss, sich im nächsten Jahr ein neues Auto ______________________.

Name: Klasse: Datum:

U	M	O
2	1	1

Grammatisch zwischen ähnlichen Wörtern unterscheiden: *zu stellen* und *zustellen* usw.

Lösungen

1. a. Die Tür ist nicht leicht **zu schließen**.
   b. Ich habe vergessen, die Tür **zuzuschließen**.
   c. Könntest du bitte noch die Kellertür **zuschließen**?
   d. Dazu hatte er nichts mehr **zu sagen**.
   e. Eine Lieferung bis zur nächsten Woche konnte das Möbelhaus leider nicht **zusagen**.
   f. Sie hatten vergessen, für die Party **zuzusagen**.
   g. In einigen Ländern ist es nicht unüblich, abgestellte Autos **zuzuparken**.
   h. Die Gastgeber hatten empfohlen, den Wagen um die Ecke **zu parken**.
   i. Eine Einfahrt sollte man nicht **zuparken**.
   j. Die Post hat zugesichert, Briefe auch in den entlegensten Bauernhöfen **zuzustellen**.
   k. Der Caterer hatte versprochen, auch 100 Gläser zur Verfügung **zu stellen**.
   l. Diese Wand sollten wir nicht komplett mit Schränken **zustellen**.
   m. Auf dieser Autobahn können wir an Geschwindigkeit **zulegen**.
   n. Er hatte vergessen, den Schlüssel unter die Fußmatte **zu legen**.
   o. Sie beschloss, sich im nächsten Jahr ein neues Auto **zuzulegen**.

Name: Klasse: Datum:

U	M	O
3	2	1

Unmögliche Superlative vermeiden

Problem

Heißt es „Ist es das *einzigste* Problem?“ oder „Ist es das *einzige* Problem?“ Oft wird ein Superlativ (die höchste Steigerungsform) unbedacht verwendet. Unsinnig ist ein Superlativ nämlich dann, wenn die Grundform eines Adjektivs gar nicht mehr steigerbar ist.

Lösung

Die folgenden Regeln sind zu beachten:
- Alle Adjektive, die eine nicht mehr steigerbare Eigenschaft angeben, dürfen nicht im Superlativ verwendet werden. Im Beispiel oben muss es also heißen: „Ist es das *einzige* Problem?“ Eine Steigerung ist logisch nicht mehr möglich.
- In einer Formulierung kann nur ein einziger Superlativ verwendet werden. Dieser wird immer vom Adjektiv gebildet und nie von einer anderen Wortart. Also: „der *weitest* gehende Antrag“ (falsch: „der *weitest gehendste* Antrag“, hier wurde fälschlicherweise auch noch das Verb mit einer Superlativendung versehen).

Training

1. Streiche in der folgenden Liste diejenigen Superlative durch, die bereits in der Grundform „absolut“ sind, von denen es logischerweise also gar keinen Superlativ geben kann.

a. bester	e. einzigster	i. klügster
b. optimalster	f. minimalster	j. idealster
c. nacktester	g. schnellster	k. maximalster
d. schönster	h. totalster	l. liebster

2. Formuliere zu den folgenden Angaben jeweils einen Satz. Verwende darin das in Klammern angegebene Adjektiv. Entscheide jeweils logisch, ob das Adjektiv im Superlativ verwendet werden kann oder in der Grundform bleiben muss.

a. In diesem Dorf gibt es keinen anderen Bungalow. (einzige)

______

b. Diese Lösung ist die allerbeste. (ideal)

______

c. Dieses Kind hat die höchste persönliche Ausstrahlung von allen. (hübsch)

______

d. Das ist im Vergleich zu den anderen ein sehr geringfügiger Fehler. (minimal)

______

e. Diese Konsequenz ist die gravierendste. (weit reichend)

______

f. Wir müssen auf eine ganz schnelle Weise nach Köln kommen. (schnell möglich)

______

Name: Klasse: Datum:

U	M	O
3	2	1

Unmögliche Superlative vermeiden

Lösungen

1. a. bester
   b. ~~optimalster~~
   c. ~~nacktester~~
   d. schönster
   e. ~~einzigster~~
   f. ~~minimalster~~
   g. schnellster
   h. ~~totalster~~
   i. klügster
   j. ~~idealster~~
   k. ~~maximalster~~
   l. liebster

2. a. Das ist der *einzige* Bungalow im Dorf. (logisch nicht steigerbar)
   b. Diese Lösung ist *ideal*. (logisch nicht steigerbar)
   c. Dieses Kind ist das *hübscheste*. (steigerbar)
   d. Dieser Fehler ist im Vergleich zu den anderen *minimal*. (logisch nicht steigerbar)
   e. Diese Konsequenz ist die *am weitesten reichende*. (steigerbar; gesteigert wird das Adjektiv *weit*, nicht das Verb *reichend*).
   f. Wir müssen auf die *schnellstmögliche* Weise nach Köln kommen. (steigerbar; gesteigert wird das erste Adjektiv der Zusammenfügung, siehe auch nachfolgenden Hinweis)

Hinweis

Besondere Formen des Superlativs sind Zusammensetzungen mit *-mögliche*. In ihnen wird nur das vorangestellte Adjektiv in den Superlativ gesetzt:

der *größtmögliche* Schaden
die *kleinstmögliche* Maßeinheit
die *bestmögliche* Lösung
die *längstmögliche* Spieldauer

Name: Klasse: Datum:

U	M	O
2	2	1

Den Apostroph korrekt verwenden

Problem

„Sebastian's Auto ist kaputt!" Wenn man als Deutscher Englisch lernt, passieren solche Fehler häufiger. Die strenge Regel, dass man bei Personen im Englischen den *s*-Genitiv verwenden muss, wird fälschlicherweise auf das Deutsche übertragen. Oft ist nicht klar, in welchen Fällen man einen Apostroph setzen muss.

Lösung

Für den Apostroph gibt es im Deutschen folgende Regeln:
- Vor dem Genitiv-*s* wird grundsätzlich kein Apostroph gesetzt.
- Der Apostroph wird gesetzt bei Zusammenziehungen (Beispiel: „Mach's gut!" für „Mach es gut!"), bei Auslassungen (Beispiel: „ein einz'ger Fehler" für „ein einziger Fehler") und zur Kennzeichnung des Genitivs bei Namen, die auf einen Zischlaut (*-s*, *-ss*, *-x*, *-ß*, *-z*, *-tz* usw.) enden (Beispiel: „Andreas' Auto" statt „Andreass Auto").
- Verschmelzungen von Präposition und Artikel (z. B. „vorm Haus" statt „vor dem Haus") erhalten keinen Apostroph.

Training

1. Setze die folgenden Wörter in den Genitiv und prüfe, ob dabei ein Apostroph verwendet werden muss oder nicht.

   a. Peter ______________________ d. Onkel Tom ______________________

   b. Herr Meier ______________________ e. Max ______________________

   c. Nikolaus ______________________

2. Prüfe die folgenden Sätze, ob sie falsche Apostroph-Schreibungen enthalten. Streiche gegebenenfalls die falsche Schreibung durch und schreibe das angestrichene Wort richtig auf die Linie.

   a. Ich glaube nicht, dass ers verstanden hat. ______________________
   b. Aristoteles Werke sind in der Philosophie immer noch von Bedeutung. ______________________
   c. Hamburg's Elbtunnel war lange Zeit umstritten. ______________________
   d. Hans' Geburtstag fällt auf den 24. Dezember. ______________________
   e. Stefanies Cousin kommt in den Ferien zu Besuch. ______________________
   f. Der Inhaber dieses Shop's kommt aus Indien. ______________________
   g. An seinen Worten zweifl ich nicht. ______________________
   h. Nächste Woche fahren wir nach Ddorf einkaufen. ______________________
   i. Marx Werke hatten in der Weltgeschichte eine nachhaltige Wirkung. ______________________
   j. In M'gladbach gibt es ein berühmtes Museum. ______________________
   k. In Markuss Heften herrscht Chaos. ______________________

3. Streiche in den folgenden Sätzen die falsche Schreibung durch.

   a. Das kleine Kind wäre beinahe *vor's/vors* Auto gelaufen.
   b. Die Reifen dieses *PKW's/PKWs* müssen erneuert werden.
   c. *Gib's/Gibs* auf!
   d. Eines *Abend's/Abends* fiel die Lampe von der Decke.
   e. Fast wäre er *über's/übers* Geländer gefallen.

Name: Klasse: Datum:

U	M	O
2	2	1

Den Apostroph korrekt verwenden

Lösungen

1. a. Peter **Peters**
   b. Herr Meier **Herrn Meiers**
   c. Nikolaus **Nikolaus'**
   d. Onkel Tom **Onkel Toms**
   e. Max **Max'**

2. a. Ich glaube nicht, dass ~~ers~~ verstanden hat. **er's** (Zusammenziehung)
   b. ~~Aristoteles~~ Werke sind in der Philosophie immer noch von Bedeutung. **Aristoteles'** (Zischlaut)
   c. ~~Hamburg's~~ Elbtunnel war lange Zeit umstritten. **Hamburgs** (normales Genitiv-*s*)
   d. Hans' Geburtstag fällt auf den 24. Dezember.
   e. Stefanies Cousin kommt in den Ferien zu Besuch.
   f. Der Inhaber dieses ~~Shop's~~ kommt aus Indien. **Shops** (normales Genitiv-*s*)
   g. An seinen Worten ~~zweifl~~ ich nicht. **zweifl'** (Auslassung)
   h. Nächste Woche fahren wir nach ~~Ddorf~~ einkaufen. **D'dorf** (Auslassung)
   i. ~~Marx~~ Werke hatten in der Weltgeschichte eine nachhaltige Wirkung. **Marx'** (Zischlaut)
   j. In M'gladbach gibt es ein berühmtes Museum.
   k. In ~~Markuss~~ Heften herrscht Chaos. **Markus'** (Zischlaut)

3. a. Das kleine Kind wäre beinahe *~~vor's~~/vors* Auto gelaufen. (Verschmelzung von Präposition und Artikel)
   b. Die Reifen dieses *~~PKW's~~/PKWs* müssen erneuert werden. (normales Genitiv-*s*)
   c. *Gib's/~~Gibs~~* auf! (Zusammenziehung)
   d. Eines *~~Abend's~~/Abends* fiel die Lampe von der Decke. (normales Genitiv-*s*)
   e. Fast wäre er *~~über's~~/übers* Geländer gefallen. (Verschmelzung von Präposition und Artikel)

Hinweise

Für Angaben, die von Eigennamen abgeleitet sind, gibt es zwei Schreibungen:

als **Adjektiv**: Beispiel: „die *mendelschen* Gesetze"
→Bildung durch Anhängen von *-sch* an den Namen ohne Verwendung eines Apostrophs, kleingeschrieben

als **Substantiv**: Beispiel: „die *Mendel'schen* Gesetze"
→gleiche Bildung, jedoch mit Verwendung eines Apostrophs und großgeschrieben

Beim Schreiben am Computer ist für einen Apostroph nicht die Akzent-Taste links oben neben der Backspace-Taste zu verwenden, sondern die Taste mit dem Gartenzaun (#) unten zwischen der Eingabetaste und der Ä-Taste.

Name: Klasse: Datum:

U	M	O
2	1	1

Aussagen in Texten miteinander verknüpfen: Artikel und Pronomen als Bindewörter

Problem

„Tom ging ins Schwimmbad. Tom zog sich um. Tom sprang sofort ins Schwimmbecken. Tom bekam einen Schock." Ein solcher Text wirkt unprofessionell, weil er die einzelnen Aussagen sprachlich nicht miteinander verbindet.

Textlinguisten haben untersucht, wie einzelne Aussagen in Texten sprachlich miteinander verknüpft werden. Sie sagen z. B., dass es in Sätzen grundsätzlich zweierlei Informationen gibt:
- **neue** Informationen (genannt: **Thema**),
- Informationen, die aus dem Textzusammenhang **bereits bekannt** sind (genannt: **Rhema**). Im ersten Satz eines Textes gibt es in der Regel kein Rhema.

Aber wie kann man in Sätzen sprachlich verdeutlichen, dass neue auf bereits bekannte Informationen bezogen werden sollen?

Lösung

Die deutsche Sprache bietet u. a. die folgenden Möglichkeiten an, die Thema-Rhema-Beziehungen in Texten auszudrücken:
- unbestimmte Artikel (für neue Informationen, Beispiel: *ein* Junge)
- bestimmte Artikel (für bereits bekannte Informationen, Beispiel: *der* Junge)
- Pronomen (für bereits bekannte Informationen): Personalpronomen (Beispiel: *er*)/ Demonstrativpronomen (Beispiel: *dieser*)/Relativpronomen (Beispiel: *der*)

Training

1. Prüfe den folgenden Text genau. In ihm ist nicht genügend geklärt worden, welche Informationen neu und welche bereits bekannt sind. Ersetze eventuell Nomen durch passende Pronomen und ändere dort, wo es notwendig ist, die Artikel.

Ein Experiment: Knalltüte

Man besorgt sich den Gummiring und die Papiertüte. Dann bläst man die Tüte wie einen Luftballon auf. Anschließend bindet man die Tüte mit einem Gummiring zu. Schließlich legt man die aufgeblasene Tüte auf den Tisch und klatscht mit beiden Händen kräftig gegen die Tüte, sodass die Tüte platzt. Beim Platzen der Tüte entsteht der laute Knall. Die Erklärung ist: Wenn man Luft in Bewegung versetzt, gerät die Luft in Schwingung und es entsteht das Geräusch. Nach demselben Prinzip entsteht bei dem Blitz der Donnerschall.

Name: Klasse: Datum:

U	M	O
2	1	1

Aussagen in Texten miteinander verknüpfen: Artikel und Pronomen als Bindewörter

Lösungen

1. **Ein Experiment: Knalltüte**

   Man besorgt sich *einen* Gummiring und *eine* Papiertüte. (Gummiring und Papiertüte werden erstmals erwähnt, daher jeweils unbestimmter Artikel.) Dann bläst man *diese* wie einen Luftballon auf. (Das Nomen *Tüte* wurde durch ein Demonstrativpronomen ersetzt.) Anschließend bindet man *sie* mit *dem* Gummiring zu. (Das Nomen *Tüte* ist schon bekannt, zur Abwechslung wird sie hier durch ein Personalpronomen ersetzt; das Nomen *Gummiring* wurde in dem Text ebenfalls schon einmal erwähnt, daher wird nun ein bestimmter Artikel verwendet.) Schließlich legt man die aufgeblasene Tüte auf den Tisch und klatscht mit beiden Händen kräftig *dagegen*, sodass *sie* platzt. (Die aufgeblasene Tüte ist schon bekannt, daher *dagegen* und Personalpronomen.) Bei *ihrem* Platzen entsteht *ein* lauter Knall. (Hier wird der bestimmte Artikel in *beim* [= *bei dem*] und *der Tüte* durch ein Possessivpronomen ersetzt. Der Knall wird erstmals erwähnt, daher muss ein unbestimmter Artikel verwendet werden.) Die Erklärung ist: Wenn man Luft in Bewegung versetzt, gerät *sie* in Schwingung und es entsteht *ein* Geräusch. (Das Nomen *Luft* ist schon bekannt, daher Personalpronomen; das Geräusch wird erstmals erwähnt, daher unbestimmter Artikel.) Nach demselben Prinzip entsteht bei *einem* Blitz *ein* Donnerschall. (Der Blitz wird erstmals erwähnt, daher unbestimmter Artikel. Der Donnerschall wird ebenfalls erstmals erwähnt und müsste streng genommen von einem unbestimmten Artikel begleitet werden, da jedoch jeder weiß, dass auf einen Blitz ein Donner folgt, kann in diesem Fall auch der bestimmte Artikel verwendet werden.)

Hinweis

Ungeübte Schreiber/innen verfassen oft Texte, in denen in den ersten Sätzen Informationen zunächst einfach vorausgesetzt werden. Das betrifft zum Beispiel Interpretationsaufsätze, in denen Gegenstände interpretiert werden, die dem Adressaten (in der Regel dem Lehrer/der Lehrerin) natürlich bekannt sind. Dennoch muss in diesem Fall der unbestimmte Artikel verwendet werden, weil davon ausgegangen wird, dass der Text für einen Leser ohne Hintergrundinformationen geschrieben wird.

Name: Klasse: Datum:

U	M	O
3	2	1

Aussagen in Texten miteinander verknüpfen: Pronomen eindeutig beziehen

Problem

„Herr Meyer und Herr Schmitz hatten ein Seil um einen Baum gelegt, um ihn umzukippen. Herr Schmitz sollte sagen, wenn *er* umfiel." Wer fällt hier um? Herr Schmitz oder der Baum? Pronomen werden in Texten oft falsch bezogen, sodass sich Missverständnisse ergeben.

Lösung

Man kann solche Missverständnisse vermeiden, wenn man Personalpronomen (*er, sie, es* etc.) und Demonstrativpronomen (*dieser, diese, dieses* etc.) und andere Pronomen grammatisch richtig aufeinander bezieht. Dazu muss geprüft werden, ob mit dem Pronomen das letzte vorausgehende Nomen ersetzt werden soll. Zudem muss einer der folgenden Bezüge gegeben sein:

er, dieser → vorausgehendes Bezugswort im Maskulinum

sie, diese → vorausgehendes Bezugswort im Femininum

es, dieses → vorausgehendes Bezugswort im Neutrum

Training

1. **Erster Schritt:** Prüfe, in welche Leerstellen eines der im Kasten angegebenen Pronomen eingesetzt werden kann oder ob eines der im Wörtervorrat angebotenen Nomen (eventuell mit Artikel) verwendet werden muss. Fülle die Lücken. Beachte dabei die Regeln aus dem Kasten.
Zweiter Schritt: Überprüfe anschließend deine Lösungen, indem du für jedes von dir verwendete Pronomen das Bezugswort unterstreichst. Dieses steht immer in einigem Abstand vor dem Pronomen. Korrigiere deine Lösung, wenn du einen falschen Bezug hergestellt hast.

Papier – Drahtstück – Wasser

Versuch: Schwimmende Büroklammer

Mit dem Versuch soll herausgefunden werden, wann ein gebogenes und auf eine Wasseroberfläche gelegtes Drahtstück (z. B. eine Büroklammer) im Wasser versinkt und wann ______________ das Drahtstück trägt. Als Erstes wird ein Glas mit Wasser gefüllt und auf ______________ ein Stück dünnes Papier gelegt. Darauf platziert man vorsichtig das Drahtstück. Nach einer Weile saugt ______________ sich mit Wasser voll und sinkt zu Boden. ______________ bleibt jedoch an der Oberfläche. Sobald ein Tropfen Spülmittel dazukommt, geht ______________ ebenfalls unter.

Warum sinkt das Papier in ______________ und weshalb bleibt das Drahtstück an der Wasseroberfläche liegen und sinkt erst bei Zugabe von Spülmittel zu Boden?

Das Drahtstück müsste eigentlich im Wasser versinken, da ______________ schwerer ist.

Die Oberflächenspannung des Wassers sorgt jedoch dafür, dass ______________ an der Oberfläche schwimmt. Durch das Spülmittel wird die Oberflächenspannung des Wassers dann gebrochen und ______________ sinkt, da ______________ vom Wasser nun nicht mehr getragen werden kann.

Name: Klasse: Datum:

U	M	O
3	2	1

Aussagen in Texten miteinander verknüpfen: Pronomen eindeutig beziehen

1. **Versuch: Schwimmende Büroklammer**
   Mit dem Versuch soll herausgefunden werden, wann ein gebogenes und auf eine Wasseroberfläche gelegtes Drahtstück (z. B. eine Büroklammer) im Wasser versinkt und wann **dieses** das Drahtstück trägt. (Das Pronomen *dieses* steht im gleichen Fall wie das Nomen *Wasser*, außerdem ist es das letzte vorausgehende Nomen.) Als Erstes wird ein Glas mit Wasser gefüllt und auf **dieses** ein Stück dünnes Papier gelegt. Darauf platziert man vorsichtig das Drahtstück. Nach einer Weile saugt **das Papier** sich mit Wasser voll und sinkt zu Boden. **Das Drahtstück** bleibt jedoch an der Oberfläche. Sobald ein Tropfen Spülmittel dazukommt, geht **das Drahtstück** ebenfalls unter. (Man kann hier nicht das Pronomen *es* verwenden, weil das Bezugswort *Spülmittel* wäre, gemeint ist allerdings das Drahtstück.)
   Warum sinkt das Papier in **das Wasser** und weshalb bleibt das Drahtstück an der Wasseroberfläche liegen und sinkt erst bei Zugabe von Spülmittel zu Boden?
   Das Drahtstück müsste eigentlich im Wasser versinken, da **das Drahtstück** schwerer ist. (Man kann hier nicht das Pronomen *es* verwenden, weil das Bezugswort *Wasser* wäre, gemeint ist allerdings das Drahtstück.) Die Oberflächenspannung des Wassers sorgt jedoch dafür, dass **das Drahtstück** an der Oberfläche schwimmt. (Man kann hier nicht das Pronomen *es* verwenden, weil das Bezugswort *Wasser* wäre, gemeint ist allerdings das Drahtstück.) Durch das Spülmittel wird die Oberflächenspannung des Wassers dann gebrochen und **das Drahtstück** sinkt, da **es** vom Wasser nun nicht mehr getragen werden kann.

Name: Klasse: Datum:

U	M	O
2	1	1

Aussagen in Texten miteinander verknüpfen: Zeitliche Verhältnisse

Problem

„Tom ging ins Schwimmbad. Er zog sich um. Er sprang sofort ins Schwimmbecken. Er bekam einen Schock.“ In diesen Sätzen könnte sprachlich ausgedrückt werden, welche Informationen jeweils durch den Textzusammenhang schon bekannt und welche neu sind (vergleiche AB 40 „Aussagen in Texten miteinander verknüpfen: Artikel und Pronomen als Bindewörter“). Hinzu kommt, dass in diesen Sätzen zeitliche Verhältnisse (Gleichzeitigkeit, Vorzeitigkeit, Nachzeitigkeit) ausgedrückt werden könnten.

Lösung

Sprachlich stehen uns z. B. die folgenden Möglichkeiten zur Verfügung, um **zeitliche Verhältnisse** von Teilaussagen in Sätzen zu verdeutlichen:

Zeitliches Verhältnis	Hauptsatz	Nebensatz
	Adverb	unterordnende Konjunktion
Gleichzeitigkeit	*zugleich*	*als/während/solange*
Vorzeitigkeit	*zuvor*	*nachdem*
Nachzeitigkeit	*danach/darauf(hin)/dann/anschließend*	*bevor/ehe/bis/woraufhin*

Außerdem gibt es die Möglichkeit, einzelne Aussagen mithilfe von Redewendungen wie *zu diesem Zeitpunkt* oder *am nächsten Tag* zu verknüpfen.

Achtung: Bei der Bildung eines Nebensatzes mit Vorzeitigkeit weicht das Tempus von dem des Hauptsatzes ab (Präsens → Perfekt; Präteritum → Plusquamperfekt).

Training

1. Verbessere die vier Sätze über Tom am Anfang des Kastens, indem du zwei Satzgefüge (jeweils Haupt- und Nebensatz) bildest. Verwende hierfür passende Konjunktionen und achte darauf, dass du teilweise das Tempus ändern musst.

2. Der folgende Text ist sehr eintönig verfasst, weil er nur Hauptsätze aufweist. Verbinde möglichst viele der Sätze mithilfe von Adverbien und Konjunktionen (siehe Kasten). Ab und zu ist es sinnvoll, die Reihenfolge der Aussagen zu ändern. Schreibe den neuen Text auf ein gesondertes Blatt.

U-Bahn-Unfall glimpflich ausgegangen

Gestern fuhr eine Mutter mit ihrem 4-jährigen Sohn U-Bahn. Sie mussten umsteigen. Die Frau erkundigte sich nach dem Weg zur U-Bahn-Linie 3. Sie wollte mit dem Kind zum richtigen Bahnsteig gehen. Das Kind war nicht mehr zu sehen.
Sie rief nach ihm. Ein Zug fuhr los. Er bremste wieder. Ein Mann zog die Notbremse. Der Mann sah das Kind zwischen den Bahngleisen und der Bahnsteigkante. Das Kind hatte nur eine Beule am Kopf. Passanten zogen es aus der Spalte zwischen U-Bahn und Bahnsteig. Die Eltern beschwerten sich bei dem Bahnbetreiber wegen des ihrer Meinung nach zu großen Abstandes zwischen Bahnsteig und Zug.

Name: Klasse: Datum:

U	M	O
2	1	1

Aussagen in Texten miteinander verknüpfen: Zeitliche Verhältnisse

Lösungen

1. Mögliche Lösung:

   Nachdem Tom ins Schwimmbad gegangen war, zog er sich um. Er sprang sofort ins Schwimmbecken, *woraufhin* er einen Schock bekam.

2. Mögliche Lösung:

   U-Bahn-Unfall glimpflich ausgegangen
   Gestern fuhr eine Mutter mit ihrem 4-jährigen Sohn U-Bahn. *Als* sie umsteigen mussten, erkundigte sich die Frau nach dem Weg zur U-Bahn-Linie 3. *Anschließend* wollte sie mit dem Kind zum richtigen Bahnsteig gehen. *Zu diesem Zeitpunkt* war das Kind schon nicht mehr zu sehen.
   Während sie nach ihm rief, fuhr ein Zug los. Er bremste wieder, *nachdem* ein Mann die Notbremse gezogen hatte. Er hatte das Kind zwischen den Bahngleisen und der Bahnsteigkante gesehen. *Als* Passanten es aus der Spalte zwischen U-Bahn und Bahnsteig zogen, hatte das Kind nur eine Beule am Kopf. *Am nächsten Tag* beschwerten sich die Eltern bei dem Bahnbetreiber wegen des ihrer Meinung nach zu großen Abstandes zwischen Bahnsteig und Zug.

Info

Es gibt einige temporale (zeitliche) Konjunktionen, die einen Zeitraum von der Vergangenheit bis zur Gegenwart ausdrücken (z. B. *seitdem*). In Sätzen, die mit ihnen eingeleitet werden, wird **das gleiche Tempus** verwendet wie im zugehörigen Hauptsatz; es wird also **keine Vorzeitigkeit** ausgedrückt. Beispiel:

Seitdem sie hier **wohnt**, **spielt** sie in unserer Mannschaft.

Name: Klasse: Datum:

U	M	O
2	1	1

Aussagen in Texten miteinander verknüpfen: Logische Bezüge

Problem

„Tom ging ins Schwimmbad. Tom zog sich um. Tom sprang sofort ins Schwimmbecken. Tom bekam einen Schock." In diesen Sätzen könnte sprachlich ausgedrückt werden, welche Informationen jeweils durch den Textzusammenhang schon bekannt und welche neu sind und in welchem zeitlichen Verhältnis die Aussagen zueinander stehen (vgl. AB 40 „Aussagen in Texten miteinander verknüpfen: Artikel und Pronomen als Bindewörter" und AB 42 „Aussagen in Texten miteinander verknüpfen: Zeitliche Verhältnisse"). Hinzu kommt, dass in diesen Sätzen auch logische Bezüge (z. B. Ursache und Folge, Bedingungen und Ziel) ausgedrückt werden könnten.

Lösung

In Texten werden logische Bezüge zwischen einzelnen Aussagen durch verschiedene sprachliche Mittel verdeutlicht. Beispiele sind:

Logik	Hauptsatz		Nebensatz
	Adverb	gleichordnende Konjunktion	unterordnende Konjunktion
Grund/Ursache (kausal)	*deshalb/daher/nämlich*	*denn*	*weil/da/zumal*
Folge (konsekutiv)	*folglich/also/infolgedessen/demzufolge*		*sodass (so dass)*
Bedingung (konditional)			*wenn/falls/sofern*
Ziel/Zweck (final)	*dazu/dafür*		*damit*

Training

1. In der folgenden Fabel, die auf den Dichter Äsop zurückgeht, wurden die Sätze nur durch Temporaladverbien und die Konjunktion *und* miteinander verbunden. Schreibe den Text auf ein gesondertes Blatt ab und stelle dabei mithilfe der in Klammern angegebenen Wörter logische Verknüpfungen zwischen den Sätzen her.

Der Wolf und der Kranich

Als ein Wolf eines Tages beim Essen war, blieb ihm ein Knochen im Halse stecken und er erstickte fast (*sodass*). Er keuchte und würgte und heulte über das ganze Land. Dann bat er alle Tiere verzweifelt, ihm zu helfen, und versprach (*deshalb*): „Wer rettet mich? Dann bekommt er eine hohe Belohnung (*wenn*)!" Dann hörte ein Kranich dieses Versprechen und bot seine Hilfe an (*weil*). „Öffne deinen Rachen ganz weit, Wolf, dann hole ich den Knochen heraus (*wenn*)." Als er seinen langen Schnabel in den Schlund gesteckt und den Knochen herausgezogen hatte, sagte er: „Ich habe dich gerettet, gib mir die Belohnung (*also*)." Da lachte der Wolf und zeigte mit einem gemeinen Grinsen sein großes Gebiss. „Belohnung?", sagte er, und er hatte seinen schmerzenden Hals schon völlig vergessen (*weil*). „Du kannst froh sein, eigentlich wollte ich dir den Kopf abbeißen (*denn*). Ist das nicht genug Belohnung, du undankbarer Vogel (*falls*)? Du kannst ihn gerne noch einmal hereinstecken!"

Aussagen in Texten miteinander verknüpfen: Logische Bezüge

Lösungen

1. **Der Wolf und der Kranich**
   Als ein Wolf eines Tages beim Essen war, blieb ihm ein Knochen im Halse stecken, *sodass* er fast erstickte. Er keuchte und würgte und heulte über das ganze Land. *Deshalb* bat er alle Tiere verzweifelt, ihm zu helfen, und versprach: „*Wenn* mich jemand rettet, bekommt er eine hohe Belohnung!“ *Weil* ein Kranich dieses Versprechen hörte, bot er seine Hilfe an. „*Wenn* du deinen Rachen ganz weit öffnest, Wolf, hole ich den Knochen heraus.“ Als er seinen langen Schnabel in den Schlund gesteckt und den Knochen herausgezogen hatte, sagte er: „Ich habe dich gerettet, *also* gib mir die Belohnung.“ Da lachte der Wolf und zeigte mit einem gemeinen Grinsen sein großes Gebiss. „Belohnung?“, sagte er, *weil* er seinen schmerzenden Hals schon völlig vergessen hatte. „Du kannst froh sein, *denn* eigentlich wollte ich dir den Kopf abbeißen. *Falls* das nicht genug Belohnung ist, du undankbarer Vogel, kannst du ihn gerne noch einmal hereinstecken!“

Info

Statt eines Finalsatzes mit der Konjunktion *damit* verwendet man im Deutschen oft auch einen Infinitiv mit *um … zu*. Beispiel:

Der Wolf führt den Kranich hinters Licht, *damit* er sein Leben retten kann.
Der Wolf führt den Kranich hinters Licht, *um* sein Leben *zu* retten.

Name: Klasse: Datum:

U	M	O
2	2	1

Aussagen in Texten miteinander verknüpfen: Seltene logische Bezüge

Problem

„... *wohingegen* sein Freund nicht so reich war." Solche logischen Verknüpfungen werden von vielen Schülerinnen und Schülern sehr selten verwendet.

Lösung

Neben kausalen, finalen, konsekutiven und konditionalen Verknüpfungen sollten modale, adversative und konzessive Verbindungen nicht in Vergessenheit geraten, da sie zusätzliche logische Optionen bieten:

Logik	Hauptsatz		Nebensatz
	Adverb	gleichordnende Konjunktion	unterordnende Konjunktion
Art und Weise/Begleitumstände (modal)	*so*		*indem/wobei*
Gegensatz (adversativ)	*demgegenüber/ dagegen*	*doch*	*während/anstatt dass*
Gegenerwartung/ Einschränkung (konzessiv)	*zwar/vielmehr/jedoch/ freilich/allerdings/bloß/ trotzdem/dennoch/ jedoch*	*aber/sondern*	*obwohl/wohingegen*

Training

1. Im Folgenden erhältst du jeweils zwei Aussagen. Verbinde sie miteinander und verwende dabei die in Klammern angegebene Logik. In der jeweils ersten Zeile (SR) sollst du eine Satzreihe mit zwei Hauptsätzen bilden, in der zweiten (SG) ein Satzgefüge mit Haupt- und Nebensatz.

   a. Die USA verlieren an Einfluss. China wird mächtiger. (adversativ)

   SR: ____________________

   SG: ____________________

   b. Die Gleichberechtigung nimmt zu. Mädchen wählen wieder traditionelle Berufe. (konzessiv)

   SR: ____________________

   SG: ____________________

   c. Er löste das Problem. Er fragte seinen Onkel. (modal)

   SR: ____________________

   SG: ____________________

   d. Sie war alt. Sie war sehr leistungsfähig. (konzessiv)

   SR: ____________________

   SG: ____________________

   e. Russland ist ein großflächiges Land. Malta ist ein kleines Land. (adversativ)

   SR: ____________________

   SG: ____________________

Name: Klasse: Datum:

U	M	O
2	2	1

Aussagen in Texten miteinander verknüpfen: Seltene logische Bezüge

Lösungen

1. a. SR: Die USA verlieren an Einfluss, *dagegen* wird China mächtiger/*doch* China wird mächtiger.
   SG: Die USA verlieren an Einfluss, *während* China mächtiger wird. (Den Nebensatz mit *während* erkennt man an der Endstellung des Verbs.)

   b. SR: Die Gleichberechtigung nimmt zu, *trotzdem/dennoch* wählen Mädchen wieder traditionelle Berufe.
   SG: Die Gleichberechtigung nimmt zu, *obwohl/wohingegen* Mädchen wieder traditionelle Berufe wählen. (Endstellung des Verbs)

   c. SR: Er fragte seinen Onkel, *so* löste er das Problem.
   SG: Er löste das Problem, *indem* er seinen Onkel fragte. (Endstellung des Verbs)

   d. SR: Sie war alt, *aber* (sie war) sehr leistungsfähig./Sie war alt, *trotzdem/dennoch* war sie sehr leistungsfähig.
   SG: Sie war sehr leistungsfähig, *obwohl* sie sehr alt war. (Endstellung des Verbs)

   e. SR: Russland ist ein großflächiges Land, *demgegenüber/dagegen* ist Malta ein kleines Land.
   SG: Russland ist ein großflächiges Land, *während* Malta ein kleines Land ist. (Endstellung des Verbs)

Hinweis

Unterordnende Konjunktionen wie *während*, *indem* oder *obwohl*, die einen Nebensatz einleiten, werden auch **Subjunktionen** (lat. *sub* = *unter*) genannt.

Name: Klasse: Datum:

U	M	O
	2	1

Aussagen in Texten miteinander verknüpfen: Krüppelsätze vermeiden

Problem

„Normale Telefone werden immer weniger genutzt. Besonders seit es Smartphones gibt." Hier ist die Konstruktion eines Satzgefüges misslungen, denn der zweite Satz wird wie ein selbstständiger Hauptsatz verwendet, ist jedoch ein Nebensatz.

Lösung

Man sollte sich an folgende Regeln halten:
- Nebensätze können nie alleine stehen; sie sollten immer an einen Hauptsatz angeschlossen werden.
- In Texten darf es keine stichwortartigen Elemente geben; alle Gedanken müssen zu vollständigen Sätzen ausformuliert werden.

Training

1. Unterstreiche im folgenden Text Sätze, die nicht alleine stehen können und an einen Hauptsatz angeschlossen werden müssten.

Globalisierung

Im Zuge der Globalisierung hat der Warenaustausch weltweit zugenommen. Besonders seitdem die Schwellenländer wirtschaftlich boomen. Einige alte Industrieländer haben Schwierigkeiten, sich auf die neue Lage einzustellen. Sie können sich nicht entscheiden. Zum Beispiel sollen sie für Konjunkturprogramme weitere Schulden machen? Die fortgeschrittenen Industrieländer müssen sich neue Geschäftsfelder erschließen. Und dass es immer technologische Innovationen gibt. Um Lohnkosten zu sparen, verlagern viele Unternehmen ihre Standorte ins Ausland. Weil zum Beispiel in Indien wird billiger produziert.

2. Schreibe die entsprechenden Satzgefüge aus Aufgabe 1 neu auf ein gesondertes Blatt. Zum Teil müssen dabei noch neue Wörter hinzugefügt bzw. Satzteile umgestellt werden.

3. Unterstreiche in den folgenden Satzreihen Aussagen, die unvollständig geblieben sind.

   a. Sie hat noch keine Lösung für die Sturmschäden. Zum Beispiel wie soll das Dach repariert werden?

   b. Ich meine, dass die Klassenarbeit später geschrieben werden müsste. Der Stoff ist noch nicht genügend geübt. Und dass wir zu wenig Zeit zur Vorbereitung hatten.

   c. Die Hauptfigur ist ratlos. Und an wen sie sich wenden soll. Sie verliert jede Hoffnung.

4. Formuliere die Satzreihen aus Aufgabe 3 so um, dass sich schlüssige und vollständige Aussagen ergeben. Zum Teil müssen weitere Wörter hinzugefügt werden.

   a. ______________________________

   ____

   b. ______________________________

   ____

   c. ______________________________

   ____

Aussagen in Texten miteinander verknüpfen: Krüppelsätze vermeiden

Lösungen

1. **Globalisierung**
   Im Zuge der Globalisierung hat der Warenaustausch weltweit zugenommen. Besonders seitdem die Schwellenländer wirtschaftlich boomen. Einige alte Industrieländer haben Schwierigkeiten, sich auf die neue Lage einzustellen. Sie können sich nicht entscheiden. Zum Beispiel sollen sie für Konjunkturprogramme weitere Schulden machen? Die fortgeschrittenen Industrieländer müssen sich neue Geschäftsfelder erschließen. Und dass es immer technologische Innovationen gibt. Um Lohnkosten zu sparen, verlagern viele Unternehmen ihre Standorte ins Ausland. Weil zum Beispiel in Indien wird billiger produziert.

2. Im Zuge der Globalisierung hat der Warenaustausch weltweit zugenommen, *besonders* seitdem die Schwellenländer wirtschaftlich boomen.

   Sie können sich *zum Beispiel* nicht entscheiden, *ob* sie für Konjunkturprogramme weitere Schulden machen *sollen.*

   Die fortgeschrittenen Industrieländer müssen sich neue Geschäftsfelder erschließen *und dafür sorgen,* dass es immer technologische Innovationen gibt.

   Um Lohnkosten zu sparen, verlagern viele Unternehmen ihre Standorte ins Ausland, *weil* zum Beispiel in Indien billiger produziert *wird.*

3. a. Sie hat noch keine Lösung für die Sturmschäden. Zum Beispiel wie soll das Dach repariert werden?
   b. Ich meine, dass die Klassenarbeit später geschrieben werden müsste. Der Stoff ist noch nicht genügend geübt. Und dass wir zu wenig Zeit zur Vorbereitung hatten.
   c. Die Hauptfigur ist ratlos. Und an wen sie sich wenden soll. Sie verliert jede Hoffnung.

4. Mögliche Lösung:
   a. … Sturmschäden. Zum Beispiel *weiß sie noch nicht,* wie das Dach repariert werden *soll.*
   b. … geübt. Und *außerdem steht fest,* dass wir zu wenig Zeit zur Vorbereitung hatten.
   c. … ist ratlos *und weiß nicht,* an wen sie sich wenden soll. …

Name: Klasse: Datum:

U	M	O
3	3	2

Aussagen in Texten miteinander verknüpfen: Infinitive und Partizipien richtig verwenden

Problem

„Völlig außer Atem an der Haltestelle angekommen, fuhr der Bus gerade los." In diesem Satz ist der Bus außer Atem – eine absurde Aussage, die durch einen falschen grammatischen Bezug einer Partizipialkonstruktion entsteht, außer Atem ist in dem genannten Beispiel natürlich die Person, die zum Bus gelaufen ist.

Lösung

Der Fehler entsteht dadurch, dass zwei Aussagen in verkürzter Form miteinander verknüpft werden, sodass ein Missverständnis entsteht.

Die misslungene Anknüpfung einer **Infinitivkonstruktion** kann man folgendermaßen reparieren:
- Man sucht im Satz die Infinitivkonstruktion und klärt, wer oder was in dieser Konstruktion das Subjekt sein soll. Dieses Wort findet man im Hauptsatz.
- Die Infinitivkonstruktion wird in einen Nebensatz verwandelt, indem man das gefundene Wort zum Subjekt des Nebensatzes macht.

Die misslungene Anknüpfung einer **Partizipialkonstruktion** kann man so reparieren:
- Man liest den Satz aufmerksam durch und überlegt sich, wer oder was das handelnde Subjekt sein soll. Dieses wird nämlich irrtümlicherweise nicht genannt.
- Unter Einfügung dieses Subjekts wird die Partizipialkonstruktion in einen Nebensatz verwandelt.

Training

1. Formuliere die folgenden Sätze so um, dass der grammatische Bezug klar ist und sie tatsächlich das aussagen, was gesagt werden soll. Halte dich dabei an die im Kasten dargestellten Lösungsschritte.

   a. Die Gastgeberin bittet alle zu Tisch, um sich zu stärken.

   b. Den Teilnehmern der Fahrt riet der Veranstalter zu regenfester Kleidung, um sich nicht zu erkälten.

   c. Für die Schüler hatten die Lehrer eine Nachtwanderung gebucht, um sich ein Gruselerlebnis zu verschaffen.

   d. Völlig außer Atem an der Haltestelle angekommen, fuhr der Bus gerade los.

   e. Ziemlich verwirrt vom Menschengewirr auf der Einkaufsstraße, war die Ruhe der nahen Kirche eine Erlösung.

   f. Schon ziemlich durchnässt vom Regen über der Stadt, war die lange Wartezeit an der roten Ampel dann besonders lästig.

   g. Völlig entnervt von den langen Vorbereitungen, ging die Mathematikarbeit ziemlich schief.

Name: Klasse: Datum:

U	M	O
3	3	2

Aussagen in Texten miteinander verknüpfen: Infinitive und Partizipien richtig verwenden

Lösungen

1. Infinitivkonstruktionen:

a. Die Gastgeberin bittet alle zu Tisch, um sich zu stärken.
Die Gastgeberin bittet alle zu Tisch, *damit sie sich stärken können.*

b. Den Teilnehmern der Fahrt riet der Veranstalter zu regenfester Kleidung, um sich nicht zu erkälten.
Den Teilnehmern der Fahrt riet der Veranstalter zu regenfester Kleidung, *damit sie sich nicht erkälten.*

c. Für die Schüler hatten die Lehrer eine Nachtwanderung gebucht, um sich ein Gruselerlebnis zu verschaffen.
Für die Schüler hatten die Lehrer eine Nachtwanderung gebucht, *damit sie sich ein Gruselerlebnis verschaffen konnten.*

Partizipialkonstruktionen:

d. Völlig außer Atem an der Haltestelle angekommen, fuhr der Bus gerade los.
→ Subjekt: *er* oder *sie*
Als er/sie völlig außer Atem an der Haltestelle angekommen war, fuhr der Bus gerade los.

e. Ziemlich verwirrt vom Menschengewirr auf der Einkaufsstraße, war die Ruhe der nahen Kirche eine Erlösung.
→ Subjekt: *er* oder *sie*
Nachdem er/sie vom Menschengewirr auf der Einkaufsstraße ziemlich verwirrt worden war, war die Ruhe der nahen Kirche eine Erlösung.

f. Schon ziemlich durchnässt vom Regen über der Stadt, war die lange Wartezeit an der roten Ampel dann besonders lästig.
→ Subjekt: *er* oder *sie*
Nachdem er/sie vom Regen über der Stadt schon ziemlich durchnässt war, war die lange Wartezeit an der roten Ampel dann besonders lästig.

g. Völlig entnervt von den langen Vorbereitungen, ging die Mathematikarbeit ziemlich schief.
→ Subjekt: *er* oder *sie*
Weil er/sie von den langen Vorbereitungen völlig entnervt war, ging die Mathematikarbeit ziemlich schief.

Hinweis

Partizipialkonstruktionen können grammatisch korrekt verwendet werden, wenn (das gedachte) Subjekt der Partizipialkonstruktion und das Subjekt des Hauptsatzes übereinstimmen. Das Gleiche gilt für Infinitivkonstruktionen. Beispiele:

Völlig außer Atem an der Haltestelle angekommen, sah **er** den Bus gerade noch davonfahren.
Die Teilnehmer besorgten sich regenfeste Kleidung, um sich nicht zu erkälten.

Name: Klasse: Datum:

U	M	O
2	2	1

Zwischen *denn* und *weil* sowie *trotzdem* und *obwohl* unterscheiden

Problem

„Er kann nicht einschlafen, *weil* er ist aufgeregt." Fälschlicherweise werden *denn* und *weil* oft nicht mehr unterschieden. Das Gleiche gilt für *trotzdem* und *obwohl*. Dabei ist die Verwendung dieser Wörter klar geregelt.

Lösung

Die Wörter *denn* und *trotzdem* leiten einen **Hauptsatz** ein. Die Konjunktionen *weil* und *obwohl* leiten einen **Nebensatz** ein (**Endstellung** des Verbs). Für den falschen Beispielsatz gibt es also zwei richtige Lösungen:

– „Er kann nicht einschlafen, *denn* er ist aufgeregt." (Zwei Hauptsätze)
– „Er kann nicht einschlafen, *weil* er aufgeregt *ist*." (Haupt- und Nebensatz)

Training

1. Verbinde die folgenden Aussagen einmal mit *weil* und einmal mit *denn*.

   a. Er ist enttäuscht. Sein Freund hat abgesagt.

   ____

   ____

   b. Der Krimi fällt aus. Es gibt eine Sondersendung.

   ____

   ____

   c. Es gab einen Unfall. Die Autobahn ist gesperrt.

   ____

   ____

2. Füge in die folgenden Sätze eines der Wörter aus der Klammer ein.

   a. ________ Regen gemeldet war, brachen sie zu der Bergwanderung auf. (*trotzdem*/*obwohl*)

   b. Der Bundestrainer stellte den jungen Ersatzspieler auf, ________ der Mannschaftskapitän war plötzlich erkrankt. (*denn*/*weil*)

   c. Sie schrieb eine sehr gute Arbeit, ________ sie kaum geübt hatte. (*trotzdem*/*obwohl*)

   d. Er buchte einen Urlaub, ________ er brauchte eine Auszeit. (*denn*/*weil*)

   e. Er kam zu spät, ________ hatte er nichts verpasst. (*trotzdem*/*obwohl*)

   f. Sie waren überglücklich, ________ sie hatten im Lotto gewonnen. (*denn*/*weil*)

   g. Das Geschäft bleibt heute geschlossen, ________ die Inhaberin erkrankt ist. (*denn*/*weil*)

   h. ________ sie um Ruhe gebeten hatten, wurde während der Mittagszeit in der Nachbarschaft der Rasen gemäht. (*trotzdem*/*obwohl*)

Name: Klasse: Datum:

U	M	O
2	2	1

Zwischen *denn* und *weil* sowie *trotzdem* und *obwohl* unterscheiden

Lösungen

1. a. Er ist enttäuscht, *weil* sein Freund abgesagt hat. (Hauptsatz/Nebensatz)
   Er ist enttäuscht, *denn* sein Freund hat abgesagt. (Hauptsatz/Hauptsatz)
   b. Der Krimi fällt aus, *weil* es eine Sondersendung gibt. (Hauptsatz/Nebensatz)
   Der Krimi fällt es, *denn* es gibt eine Sondersendung. (Hauptsatz/Hauptsatz)
   c. Die Autobahn ist gesperrt, *weil* es einen Unfall gab. (Hauptsatz/Nebensatz)
   Die Autobahn ist gesperrt, *denn* es gab einen Unfall. (Hauptsatz/Hauptsatz)

2. a. **Obwohl** Regen gemeldet war, brachen sie zu der Bergwanderung auf. (Nebensatz/Hauptsatz)
   b. Der Bundestrainer stellte den jungen Ersatzspieler auf, **denn** der Mannschaftskapitän war plötzlich erkrankt. (Hauptsatz/Hauptsatz)
   c. Sie schrieb eine sehr gute Arbeit, **obwohl** sie kaum geübt hatte. (Hauptsatz/Nebensatz)
   d. Er buchte einen Urlaub, **denn** er brauchte eine Auszeit. (Hauptsatz/Hauptsatz)
   e. Er kam zu spät, **trotzdem** hatte er nichts verpasst. (Hauptsatz/Hauptsatz)
   f. Sie waren überglücklich, **denn** sie hatten im Lotto gewonnen. (Hauptsatz/Hauptsatz)
   g. Das Geschäft bleibt heute geschlossen, **weil** die Inhaberin erkrankt ist. (Hauptsatz/Nebensatz)
   h. **Obwohl** sie um Ruhe gebeten hatten, wurde während der Mittagszeit in der Nachbarschaft der Rasen gemäht. (Nebensatz/Hauptsatz)

Name: Klasse: Datum:

U	M	O
3	2	1

„…, *weil wenn* es gelingt, …“ – Doppelte Konjunktionen vermeiden

Problem

„Wir sollten uns anstrengen, *weil wenn* es gelingt, haben wir alle etwas davon.“ Oft sollen in einem Satz mehrere Logiken (z. B. ein Grund und eine Bedingung) gleichzeitig ausgedrückt werden. Dabei werden immer wieder doppelte Konjunktionen – in diesem Beispiel *weil wenn* – verwendet.

Lösung

Man kann die Satzaussage besser nachvollziehen, wenn die beiden **Logiken nacheinander dargestellt** werden. Beispielsweise könnte es heißen: „Wir sollten uns anstrengen, *weil* wir alle etwas davon haben, *wenn* es gelingt.“

Training

1. Entzerre die Satzaussagen, indem du die doppelten Konjunktionen auflöst und auf zwei Nebensätze verteilst.

   a. Er war unzufrieden, obwohl nachdem er aus dem Krankenhaus gekommen war, es ihm ganz gut ging.

   b. Er freute sich, weil als er aus dem Urlaub kam, hatten die Nachbarn bereits den Kühlschrank gefüllt.

   c. Sie hat Angst, weil wenn sie die Klausur nicht besteht, muss sie eventuell das Jahr wiederholen.

2. Verbinde jeweils die drei Hauptsätze und berücksichtige dabei die beiden Logiken, die in Klammern angegeben sind. Wähle dazu passende Konjunktionen aus.

   a. Wir gehen nicht unter (Ziel). Wir haben ein Loch im Boot (Grund). Wir müssen uns beeilen (Hauptsatz).

   b. Er will keine neue Stelle suchen (Hauptsatz). Er würde in eine andere Stadt ziehen (Bedingung). Er würde seine Beziehung gefährden (Grund).

   c. Sie sind immer noch befreundet (Hauptsatz). Er war lange krank (Zeitraum). Sie hat ihn nur selten besucht (Gegenerwartung).

Name: Klasse: Datum:

U	M	O
3	2	1

„…, *weil wenn* es gelingt, …“ – Doppelte Konjunktionen vermeiden

Lösungen

1. a. Er war unzufrieden, *obwohl* es ihm ganz gut ging, *nachdem* er aus dem Krankenhaus gekommen war.
   b. Er freute sich, *weil* die Nachbarn bereits den Kühlschrank gefüllt hatten, *als* er aus dem Urlaub kam.
   c. Sie hat Angst, *weil* sie eventuell das Jahr wiederholen muss, *wenn* sie die Klausur nicht besteht.

2. a. *Weil* wir ein Loch im Boot haben, müssen wir uns beeilen, *damit* wir nicht untergehen.
   b. Er will keine neue Stelle suchen, *weil* er seine Beziehung gefährden würde, *wenn* er in eine andere Stadt ziehen würde.
   c. Sie sind immer noch befreundet, *obwohl* sie ihn nur selten besucht hat, *als* er lange krank war.

Name: Klasse: Datum:

U	M	O
3	2	1

In komplexen Sätzen syntaktische Konstruktionsbrüche vermeiden

Problem

„In dem Roman ‚Die Blechtrommel‘ von G. Grass handelt von einem kleinwüchsigen Trommler." Bei der Formulierung komplexer Sätze werden oft erste Festlegungen für die Satzkonstruktion nicht mehr konsequent zu Ende geführt, vielmehr werden die Sätze mithilfe anderer Redewendungen oder grammatischer Entscheidungen verunstaltet.

Lösung

Beim Formulieren komplexer Sätze muss man besonders darauf achten, dass erste Entscheidungen in den Bereichen Grammatik und Ausdruck konsequent zu Ende geführt werden. Zum Beispiel muss man darauf achten, dass der Satz aus angefangenen Redewendungen nicht „herausfällt" oder dass Ergänzungen des Hauptsatzes zu den einleitenden Konnektoren passen. Nach *z. B.*, *u. a.* und *beziehungsweise* folgt beispielsweise eine Hauptsatzkonstruktion mit Inversion (Vertauschung von Subjekt und Prädikat). Es heißt: „..., *z. B. spielt er* Fußball." Falsch wäre: „..., *z. B. er spielt* Fußball." Nach *wobei* folgt z. B. eine Nebensatzkonstruktion.

Training

1. Streiche jeweils eine der doppelt verwendeten Verbformen durch. Beachte dabei die Regeln im Kasten.
   a. Das Autofahren im Herbst und Winter kann gefährlich sein, z. B. *kann* nasses Laub *kann* auf den Straßen beim Bremsen Probleme verursachen.
   b. Manche Fahrer lassen sich zu ziemlich hohen Geschwindigkeiten verleiten, obwohl man *müsste* die Fahrweise auf die Witterungsverhältnisse einstellen *müsste*.
   c. Bei starkem Schneefall ist ebenfalls besondere Vorsicht geboten, u. a. *kann* die Sicht *kann* stark eingeschränkt sein.
   d. Die Autofahrer sollten morgens mehr Zeit einplanen, weil die Scheiben *müssen* enteist werden *müssen*.
   e. Auch die Reifen sollten vor Wintereinbruch inspiziert werden, z. B. *führen* abgenutzte Reifen *führen* zu längeren Bremswegen auf glatten Straßen.
   f. Zudem sollten die Scheiben immer sauber sein, beziehungsweise *sollte* immer *sollte* Wischwasser im Behälter sein, um eine freie Sicht bei Schnee und Kälte zu gewährleisten.
   g. Nach dem Winter ist es ratsam, eine Waschanlage aufzusuchen, um Streusalzreste zu entfernen, wobei man *sollte* tatsächlich den letzten Schnee abwarten *sollte*.
   h. Sommerreifen führen bei wärmeren Temperaturen zu einem niedrigeren Spritverbrauch, folglich *sollten* diese *sollten* frühzeitig aufgezogen werden.

2. Schreibe eine verbesserte Fassung der folgenden Sätze auf ein gesondertes Blatt.
   a. In dem Gedicht „Weltende" von Jakob van Hoddis, das die Stimmung des Expressionismus gut widerspiegelt, handelt von einigen Katastrophen.
   b. Der Roman „Das Parfum" von Patrick Süskind, in dem Gerüche eine große Rolle spielen, geht es um ein serielles Verbrechen.
   c. Das lyrische Ich setzt sich kritisch mit der gesellschaftlichen Situation auseinander und er betrachtet dabei besonders die Entwicklungen in der Großstadt.

Name:	Klasse:	Datum:

U	M	O
3	2	1

In komplexen Sätzen syntaktische Konstruktionsbrüche vermeiden

Lösungen

1. a. Das Autofahren im Herbst und Winter kann gefährlich sein, z. B. *kann* nasses Laub ~~kann~~ auf den Straßen beim Bremsen Probleme verursachen.
   b. Manche Fahrer lassen sich zu ziemlich hohen Geschwindigkeiten verleiten, obwohl man ~~müsste~~ die Fahrweise auf die Witterungsverhältnisse einstellen *müsste*.
   c. Bei starkem Schneefall ist ebenfalls besondere Vorsicht geboten, u. a. *kann* die Sicht ~~kann~~ stark eingeschränkt sein.
   d. Die Autofahrer sollten morgens mehr Zeit einplanen, weil die Scheiben ~~müssen~~ enteist werden *müssen*.
   e. Auch die Reifen sollten vor Wintereinbruch inspiziert werden, z. B. *führen* abgenutzte Reifen ~~führen~~ zu längeren Bremswegen auf glatten Straßen.
   f. Zudem sollten die Scheiben immer sauber sein, beziehungsweise *sollte* immer ~~sollte~~ Wischwasser im Behälter sein, um eine freie Sicht bei Schnee und Kälte zu gewährleisten.
   g. Nach dem Winter ist es ratsam, eine Waschanlage aufzusuchen, um Streusalzreste zu entfernen, wobei man ~~sollte~~ tatsächlich den letzten Schnee abwarten *sollte*.
   h. Sommerreifen führen bei wärmeren Temperaturen zu einem niedrigeren Spritverbrauch, folglich *sollten* diese ~~sollten~~ frühzeitig aufgezogen werden.

2. a. In dem Gedicht „Weltende“ von Jakob van Hoddis, das die Stimmung des Expressionismus gut widerspiegelt, ~~handelt von~~ *geht es um einige*~~n~~ Katastrophen.
   oder:
   ~~In dem~~ *Das* Gedicht „Weltende“ von Jakob van Hoddis, das die Stimmung des Expressionismus gut widerspiegelt, handelt von einigen Katastrophen.
   b. Der Roman „Das Parfum“ von Patrick Süskind, in dem Gerüche eine große Rolle spielen, ~~geht es um~~ *handelt von* ein*em* serielle*n* Verbrechen.
   Oder:
   ~~Der~~ *In dem* Roman „Das Parfum“ von Patrick Süskind, in dem Gerüche eine große Rolle spielen, geht es um ein serielles Verbrechen.
   c. Das lyrische Ich setzt sich kritisch mit der gesellschaftlichen Situation auseinander und ~~er~~ *es* betrachtet dabei besonders die Entwicklungen in der Großstadt.

Name: Klasse: Datum:

U	M	O
2	1	1

Doppelte Verneinungen logisch überprüfen

Problem

„*Kein* Schüler wird in der Lage sein, die Erklärungen *nicht* nachzuvollziehen.“ Eigentlich gemeint ist mit diesem Satz: „Kein Schüler wird die Erklärungen nachvollziehen können.“ Oft soll eine Verneinung besonders intensiv ausgedrückt werden. Dabei passiert dann ab und zu der Fehler, dass die Verneinung doppelt ausgedrückt und der eigentliche Sinn logisch ins Gegenteil verkehrt wird (doppelte Verneinung = Bejahung). So sagt der Beispielsatz nun aus, dass alle Schüler in der Lage sein werden, die Erklärungen nachzuvollziehen.

Lösung

- Man sollte bedenken, dass negative Aussagen mithilfe von gesonderten Wörtern wie *nicht*, *keine* oder *niemand* möglich sind, aber auch durch Vor- und Nachsilben wie *un-* (z. B. *unwahrscheinlich, unwohl*), *ab-* (z. B. *abstreiten*), *fehl-* (z. B. *fehlgeleitet, Fehlstart*) oder *-los* (z. B. *würdelos*). Wenn man solche Möglichkeiten kombiniert, ergibt sich eine doppelte Verneinung.
- Doppelte Verneinungen sollten nur dann verwendet werden, wenn eigentlich eine Bejahung gemeint ist. Beispiel: „Das hörte sich *nicht un*interessant an.“ Hier wäre die bejahte Aussage: „Das hörte sich ziemlich interessant an.“ In der doppelten Verneinung schwingt allerdings stärker auch etwas Negatives mit als in der bejahten. Es handelt sich also um zwei verschiedene Aussageschattierungen.

Training

1. Prüfe, ob der Satz der in Klammern angegebenen Aussageabsicht entspricht. Ist dies nicht der Fall, streiche in dem Satz ein unpassendes Wort durch.

   a. Das Kind sieht ihm aus der Entfernung betrachtet nicht unähnlich. (Sie ähneln sich etwas.)

   b. Wir lehnen es ab, nicht jeden Morgen zusätzlich zu den anderen Dingen, die erledigt werden müssen, zu duschen. (Wir wollen nicht jeden Morgen duschen.)

   c. Es ist respektlos, wenn du schon wieder nicht beim Spülen hilfst. (Du sollst beim Spülen helfen.)

   d. Niemand wird es nicht merken, wenn wir während der Feier ein paar Stunden abwesend sind. (Es wird nicht auffallen, dass wir weg sind.)

2. In den folgenden Sätzen findest du jeweils eine doppelte Verneinung, die so nicht gemeint sein kann. Streiche unpassende Wörter oder Buchstaben durch.

   a. Der Busfahrer stritt vor Gericht ab, auf dieser langen Tour die Ruhezeiten nicht überschritten zu haben.

   b. Der Schüler hatte keine Lösung der Aufgaben, die er vor zwei Stunden gestellt bekommen hatte, immer noch nicht gefunden.

   c. Sie lehnten es ab, die Verantwortung für diesen Schaden, der ganz erheblich war, nicht zu übernehmen.

   d. Sie wollen tatsächlich abstreiten, dass dieses Verhalten ihres Sohnes nicht anormal ist?

Name:	Klasse:	Datum:

U	M	O
2	1	1

Doppelte Verneinungen logisch überprüfen

Lösungen

1. a. Das Kind sieht ihm aus der Entfernung betrachtet nicht unähnlich. (Sie ähneln sich etwas.)
   b. Wir lehnen es ab, ~~nicht~~ jeden Morgen zusätzlich zu den anderen Dingen, die erledigt werden müssen, zu duschen. (Wir wollen nicht jeden Morgen duschen.)
   c. Es ist respektlos, wenn du schon wieder nicht beim Spülen hilfst. (Du sollst beim Spülen helfen.)
   d. Niemand wird es ~~nicht~~ merken, wenn wir während der Feier ein paar Stunden abwesend sind. (Es wird nicht auffallen, dass wir weg sind.)

2. a. Der Busfahrer stritt vor Gericht ab, auf dieser langen Tour die Ruhezeiten ~~nicht~~ überschritten zu haben.
   b. Der Schüler hatte ~~k~~eine Lösung der Aufgaben, die er vor zwei Stunden gestellt bekommen hatte, immer noch nicht gefunden.
   c. Sie lehnten es ab, die Verantwortung für diesen Schaden, der ganz erheblich war, ~~nicht~~ zu übernehmen.
   d. Sie wollen tatsächlich abstreiten, dass dieses Verhalten ihres Sohnes nicht ~~a~~normal ist?
   oder:
   Sie wollen tatsächlich abstreiten, dass dieses Verhalten ihres Sohnes ~~nicht~~ anormal ist?

Name: Klasse: Datum:

U	M	O
	3	2

Mit einem Zitat eine geschlossene syntaktische Einheit formen

Problem

In dem Gedicht wird Farbsymbolik verwendet. „aus schwarzer Türme Meer." (V. 8). Oft werden Zitate nicht angemessen in den Satz eingebunden.

Lösung

- Zitate sollten in der Regel in eine vollständige Satzaussage eingebunden werden. Zum Beispiel könnte das eingangs wiedergegebene Zitat folgendermaßen zu einem Satz erweitert werden: *In dem Gedicht wird Farbsymbolik verwendet.* ***Das lyrische Ich teilt mit, dass es Glocken*** *„aus schwarzer Türme Meer" (V. 8)* ***wahrnimmt.***
- Nicht immer akzeptiert wird die Lösung, das Zitat in Klammern an eine Aussage anzuschließen: *In dem Gedicht wird Farbsymbolik verwendet („aus schwarzer Türme Meer", V. 8).*
- Besteht das Zitat aus einem vollständigen Satz, kann dieses nach einem Doppelpunkt an eine vorangestellte kommentierende Aussage angeschlossen werden: *In dem Gedicht wird Farbsymbolik verwendet: „Der Kirchenglocken ungeheurer Zahl/Wogt auf zu ihm aus schwarzer Türme Meer" (V. 8).*
- In allen aufgeführten Beispielen wird die Satzaussage mit einem Punkt abgeschlossen. Dieser steht nicht vor der abschließenden Vers- bzw. Zeilenangabe, sondern danach.

Training

1. Entwickle aus den folgenden Angaben jeweils einen Satz mit einer angemessenen Zitateinbindung und einer Angabe zur Fundstelle (hier: Versangabe).

Der Gott der Stadt

Georg Heym

[...]
Vom Abend glänzt der rote Bauch dem Baal,
Die großen Städte knien um ihn her.
Der Kirchenglocken ungeheure Zahl
Wogt auf zu ihm aus schwarzer Türme Meer.
[...]

a. Vers 5; Alliteration; *Bauch dem Baal*: ______________________

____

b. Vers 6; Personifikation; *knien*: ______________________

____

c. Vers 8; Metapher; *Meer*: ______________________

____

d. Kreuzreim; *Baal – Zahl/her – Meer*: ______________________

____

e. Vers 5; Farbsymbolik; *der rote Bauch*: ______________________

____

Name: Klasse: Datum:

U	M	O
	3	2

Mit einem Zitat eine geschlossene syntaktische Einheit formen

Lösungen

1. Mögliche Lösungen:
   a. Der Autor unterstreicht die Aussage an einer Stelle mithilfe einer *Alliteration*, denn es heißt in *Vers 5*: „Vom Abend glänzt der rote *Bauch dem Baal* [...]".
   b. *Vers 6* lautet: „Die großen Städte *knien* um ihn her." Hier liegt eine *Personifikation* vor.
   c. Die *Metapher „Meer"* (*V. 8*) macht deutlich, dass das lyrische Ich eine große Zahl von Türmen wahrnimmt.
   d. Der Autor verwendet einen *Kreuzreim*. Zum Beispiel reimt sich „*Baal*" (V. 5) mit „*Zahl*" (V. 7) und „*her*" (V. 6) mit „*Meer*" (V. 8).
   e. In dem Gedicht wird *Farbsymbolik* verwendet (*„der rote Bauch"*, *V. 5*).

Hinweis

In der Lösung zu Teilaufgabe a ist eine eckige Klammer mit Auslassungszeichen verwendet worden. Sie zeigt an, dass in diesem Fall der Satz im Originaltext noch weitergeht, hier aber abgebrochen worden ist, da die Fortsetzung für die Aussage nicht relevant ist. Wichtig ist dabei, dass das Zitat „Vom Abend glänzt der rote Bauch dem Baal [...]" eine vollständige syntaktische Einheit ergibt.

Name: Klasse: Datum:

U	M	O
3	2	1

Stilebenen unterscheiden

Problem

„Nach diesem Ereignis war Effi Briest ziemlich *groggy*." Manche Schülerinnen und Schüler verwenden in geschriebenen Texten wie Interpretationsaufsätzen unangemessene Wörter, die sie aus der Umgangssprache unbedacht übernehmen.

Lösung

Alle Stilebenen der deutschen Sprache können in bestimmten Situationen verwendet werden. Die Stilebenen von Texten sollten in reflektierter Weise auf die Verwendungssituation und die Adressaten abgestimmt sein:

dichterisch/gehoben	gepflegt und oft altertümlich bzw. feierlich wirkende Ausdrucksweise (Rede, Vortrag, Gedicht)
schriftsprachlich	in anspruchsvollen, geschriebenen Texten erwartbare Ausdrucksweise (Interpretationsaufsatz, Erörterungsaufsatz, Leserbrief)
umgangssprachlich	gelockerte, in der mündlichen Rede verwendete Ausdrucksweise (E-Mail an Freunde und Bekannte, Rollendialoge)
derb/vulgär	drastische, grobe und oft emotional gefärbte Ausdrucksweise (eventuell in mündlichen Situationen)

Training

1. Lies die beiden ersten Spalten der Tabelle genau durch und ergänze in der Spalte „Beispiele" Wörter zu dem gehobenen Wort *erspähen*.

Stilebene	Beispiele	Meine Zuordnungen
dichterisch/gehoben	göttergleich unzulänglich, dilettantisch *erspähen*	
schriftsprachlich	gut schlecht	
umgangssprachlich	toll, okay mies, lumpig, bescheuert	
derb/vulgär	geil kacke, beschissen, endmadig	

2. Ordne die Wörter aus dem Wörtervorrat in die dritte Spalte der Tabelle von Aufgabe 1 ein.

schlau – findig – clever – helle – tricky
dumm – blöd – arglos – unbedarft – doof – beknackt
Geld – Schotter – Zahlungsmittel – Asche – Moneten – Moos
schimpfen – rügen – keifen – schnauzen – maßregeln – anscheißen

Name: Klasse: Datum:

U	M	O
3	2	1

Stilebenen unterscheiden

Lösungen

1./2.

Stilebene	Beispiele	Meine Zuordnungen
dichterisch/gehoben	göttergleich unzulänglich, dilettantisch *erspähen*	**findig** **arglos, unbedarft** **Zahlungsmittel** **rügen, maßregeln**
schriftsprachlich	gut schlecht **sehen, erblicken, wahrnehmen usw.**	**schlau** **dumm** **Geld** **schimpfen**
umgangssprachlich	toll, okay mies, lumpig, bescheuert **gucken usw.**	**clever, helle, tricky** **blöd, doof** **Schotter, Asche, Moneten, Moos** **keifen, schnauzen**
derb/vulgär	geil kacke, beschissen, endmadig **anglotzen, beglotzen usw.**	**beknackt** **anscheißen**

Name: Klasse: Datum:

U	M	O
2	2	1

Umgangssprachliche Wendungen ersetzen (I)

Problem

„Im dritten Kapitel wird der Protagonist von seiner Firma *rausgeschmissen*." Manche Schülerinnen und Schüler verwenden in geschriebenen Texten wie Interpretationsaufsätzen unangemessene Wörter, die sie aus der Umgangssprache unbedacht übernehmen.

Lösung

Man sollte trainieren, die stilistischen Besonderheiten von Wörtern und Formulierungen zu erkennen (siehe Arbeitsblatt 52 „Stilebenen unterscheiden"). Außerdem sollte man sich für alle Bezeichnungen, die in anspruchsvollen Texten nicht verwendet werden können, standardsprachliche Alternativen aneignen.

Training

1. Unterstreiche in den folgenden Sätzen umgangssprachliche Formulierungen. Formuliere die Sätze anschließend neu. Nutze dabei ein Wort/eine Formulierung aus dem Wörtervorrat.

> nicht annehmbar – sich beruhigen – gleichgültig – werfen – sich uneinsichtig zeigen – sehr – verstehen – zerstören – verliebt

a. Am Anfang des Romans ist das Mädchen in einen Nachbarjungen verknallt.

____

b. Nach dieser Auseinandersetzung kann sie sich lange Zeit nicht mehr einkriegen.

____

c. Er konnte nicht kapieren, warum das sein musste.

____

d. Weil sie öfters auf stur schaltete, kam es häufig zu Konflikten.

____

e. Das Verhalten seiner Cousine war heute mal wieder irre auffällig.

____

f. Nach dieser Bemerkung wollte der Lehrer den Schüler aus der Klasse schmeißen.

____

g. Es war ihm egal, dass er mit seinem Verhalten viele Menschen verletzte.

____

h. Seine Freunde fanden es mies, dass er sie nicht mehr anrief.

____

i. Erneut hatte er eine Beziehung vermasselt.

____

Name: Klasse: Datum:

U	M	O
2	2	1

Umgangssprachliche Wendungen ersetzen (I)

Lösungen

1. a. Am Anfang des Romans ist das Mädchen in einen Nachbarjungen verknallt.
   Am Anfang des Romans ist das Mädchen in einen Nachbarjungen *verliebt*.

   b. Nach dieser Auseinandersetzung kann sie sich lange Zeit nicht mehr einkriegen.
   Nach dieser Auseinandersetzung kann sie sich lange Zeit nicht mehr *beruhigen*.

   c. Er konnte nicht kapieren, warum das sein musste.
   Er konnte nicht *verstehen*, warum das sein musste.

   d. Weil sie öfters auf stur schaltete, kam es häufig zu Konflikten.
   Weil sie *sich* öfters *uneinsichtig zeigte*, kam es häufig zu Konflikten.

   e. Das Verhalten seiner Cousine war heute mal wieder irre auffällig.
   Das Verhalten seiner Cousine war heute mal wieder *sehr* auffällig.

   f. Nach dieser Bemerkung wollte der Lehrer den Schüler aus der Klasse schmeißen.
   Nach dieser Bemerkung wollte der Lehrer den Schüler aus der Klasse *werfen*.

   g. Es war ihm egal, dass er mit seinem Verhalten viele Menschen verletzte.
   Es war ihm *gleichgültig*, dass er mit seinem Verhalten viele Menschen verletzte.

   h. Seine Freunde fanden es mies, dass er sie nicht mehr anrief.
   Seine Freunde fanden es *nicht annehmbar*, dass er sie nicht mehr anrief.

   i. Erneut hatte er eine Beziehung vermasselt.
   Erneut hatte er eine Beziehung *zerstört*.

Name: Klasse: Datum:

U	M	O
2	2	1

Umgangssprachliche Wendungen ersetzen (II)

Problem

„*Da* sagten sie nichts *zu*." Dieser Satz sollte schriftsprachlich lauten: „*Dazu* sagten sie nichts." Zum Teil werden in Texten fälschlicherweise nicht nur einzelne umgangssprachliche Wörter verwendet, sondern auch ganze Redewendungen, die in einem standardsprachlichen Text nicht vorkommen sollten.

Lösung

In schriftsprachlich formulierten Texten sollte man besonders die folgenden vier Fallen vermeiden:

1: das umgangssprachliche Trennen von Adverbien (siehe Eingangsbeispiel)

2: Verkürzungen von Adverbien wie *heraus* und *herein*, auch in Zusammensetzungen mit Verben (Beispiele: *rausgehen* statt *herausgehen*, *reinkommen* statt *hereinkommen*), und von *etwas* (Beispiel: „*was* Schönes" statt „*etwas* Schönes")

3: Verkürzungen gängiger Fremdwörter wie *Demo* statt *Demonstration* oder *Promi* statt *Prominenter*

4: Formulierungen mit *am* für gerade ablaufende Handlungen (Beispiel: „Sie ist *am* Weinen." statt „Sie weint.")

Training

1. Lies die folgenden Sätze aufmerksam durch, ordne jedem Satz eine der im Kasten beschriebenen Fallen 1–4 zu und schreibe die passende Zahl in die Klammer. Formuliere die Sätze anschließend um; verwende dabei die schriftsprachliche Form.

   a. Da konnten die Kinder nichts für. ( )

   ____

   b. Sie forderte ihren Ehemann auf, ihr mal zu erklären, wie das zustande kommen konnte. ( )

   ____

   c. Er erklärte ihr, er habe da keine Zeit zu. ( )

   ____

   d. An dieser Stelle gibt der Autor eine Info zur Erderwärmung. ( )

   ____

   e. Nach dem Kirchenbesuch war Emilia am Grübeln. ( )

   ____

   f. Nach diesem Ereignis musste er erst noch mal überlegen, wie es weitergehen sollte. ( )

   ____

   g. Die Wohnung war gereinigt worden, aber da sah er nichts von. ( )

   ____

   h. Auch in der zweiten Szene sind die beiden Figuren lautstark am Singen. ( )

   ____

   i. Der Autor hat ein Zitat von Goethe in seinen Text reingenommen. ( )

   ____

   j. Nach der Klasse 10 hatte sie die Quali für die Oberstufe erworben. ( )

   ____

Name: Klasse: Datum:

U	M	O
2	2	1

Umgangssprachliche Wendungen ersetzen (II)

Lösungen

1. a. Da konnten die Kinder nichts für. (**1**)
   Dafür konnten die Kinder nichts.

   b. Sie forderte ihren Ehemann auf, ihr mal zu erklären, wie das zustande kommen konnte. (**2**)
   Sie forderte ihren Ehemann auf, ihr *einmal* zu erklären, wie das zustande kommen konnte.

   c. Er erklärte ihr, er habe da keine Zeit zu. (**1**)
   Er erklärte ihr, er habe *dazu* keine Zeit.

   d. An dieser Stelle gibt der Autor eine Info zur Erderwärmung. (**3**)
   An dieser Stelle gibt der Autor eine *Information* zur Erderwärmung.

   e. Nach dem Kirchenbesuch war Emilia am Grübeln. (**4**)
   Nach dem Kirchenbesuch *grübelte* Emilia *(gerade)*.

   f. Nach diesem Ereignis musste er erst noch mal überlegen, wie es weitergehen sollte. (**2**)
   Nach diesem Ereignis musste er erst noch *einmal* überlegen, wie es weitergehen sollte.

   g. Die Wohnung war gereinigt worden, aber da sah er nichts von. (**1**)
   Die Wohnung war gereinigt worden, aber *davon* sah er nichts.

   h. Auch in der zweiten Szene sind die beiden Figuren lautstark am Singen. (**4**)
   Auch in der zweiten Szene *singen* die beiden Figuren lautstark.

   i. Der Autor hat ein Zitat von Goethe in seinen Text reingenommen. (**2**)
   Der Autor hat ein Zitat von Goethe in seinen Text *hereingenommen*.

   j. Nach der Klasse 10 hatte sie die Quali für die Oberstufe erworben. (**3**)
   Nach der Klasse 10 hatte sie die *Qualifikation* für die Oberstufe erworben.

Name: Klasse: Datum:

U	M	O
3	2	1

Umgangssprachliche Wendungen ersetzen (III)

Problem

Heißt es: „Er ist dieses Essen *gewöhnt.*" oder: „Er ist dieses Essen *gewohnt.*"? Es gibt eine ganze Reihe solcher Zweifelsfälle, in denen in der Umgangssprache verschiedene sprachliche Möglichkeiten nicht unterschieden werden, in der Schriftsprache aber schon. Andere Formulierungen, die in der Umgangssprache verwendet werden, sollten in der Schriftsprache ganz vermieden werden.

Lösung

Man kann sich an folgende Faustregeln halten:

- Die Formulierung *was für* wird nur in der Umgangssprache auf verschiedene Stellen des Satzes verteilt. In der Standardsprache werden die beiden Wörter nicht getrennt.
- Das Partizip *gewöhnt* drückt einen **Vorgang** aus und ist in der Standardsprache mit der Präposition *an* verbunden. Das Partizip *gewohnt* drückt einen **Zustand** aus und steht mit dem Akkusativ bzw. einem erweiterten Infinitiv.
- Wortkreuzungen wie *meines Erachtens nach* (Kombination aus *meiner Meinung nach* und *meines Erachtens*) sollten in der Standardsprache vermieden werden.
- Vor einem erweiterten Infinitiv verwendet man in der Standardsprache *scheinen* und nicht *erscheinen*.

Training

1. Streiche in den folgenden Sätzen umgangssprachliche Wendungen durch und ersetze sie auf den vorgesehenen Schreiblinien jeweils durch eine andere standardsprachliche Formulierung.

   a. Als große Schwester ist sie es gewöhnt, auf ihren kleinen Bruder aufzupassen.

   b. Sie war eine gute Schülerin und machte alles mit links.

   c. Er machte sich Gedanken darüber, was er für eine Hose kaufen sollte.

   d. Inzwischen haben sie sich an ihre neuen Nachbarn gewohnt.

   e. Mit der römischen Geschichte hatte sie nichts am Hut.

   f. Nach dem Tadel seines Lehrers schaltete er auf stur.

   g. Was macht sie denn nächstes Jahr für einen Urlaub?

   h. Ihre gesundheitliche Situation erschien hoffnungslos zu sein.

   i. Er ist die langen Klausuren in der Oberstufe noch nicht gewöhnt.

   j. Du hättest mir zumindestens Bescheid sagen können._

Name: Klasse: Datum:

U	M	O
3	2	1

Umgangssprachliche Wendungen ersetzen (III)

Lösungen

1. a. Als große Schwester ist sie es ~~gewöhnt~~, auf ihren kleinen Bruder aufzupassen.
   Als große Schwester ist sie es *gewohnt*, auf ihren kleinen Bruder aufzupassen.

   b. Sie war eine gute Schülerin und machte alles ~~mit links~~.
   Sie war eine gute Schülerin und machte alles *mit Leichtigkeit*.

   c. Er machte sich Gedanken darüber, was ~~er für eine Hose~~ kaufen sollte.
   Er machte sich Gedanken darüber, was *für eine Hose er* kaufen sollte.

   d. Inzwischen haben sie sich an ihre neuen Nachbarn ~~gewohnt~~.
   Inzwischen haben sie sich an ihre neuen Nachbarn *gewöhnt*.

   e. ~~Mit der~~ römische~~n~~ Geschichte ~~hatte sie nichts am Hut~~.
   Sie interessierte sich nicht für die römische Geschichte.

   f. Nach dem Tadel seines Lehrers ~~schaltete er auf stur~~.
   Nach dem Tadel seines Lehrers *war er völlig unzugänglich*.

   g. Was macht sie denn nächstes Jahr ~~für einen Urlaub~~?
   Was *für einen Urlaub* macht sie denn nächstes Jahr?

   h. Ihre gesundheitliche Situation ~~erschien~~ hoffnungslos zu sein.
   Ihre gesundheitliche Situation *schien* hoffnungslos zu sein.

   i. Er ist die langen Klausuren in der Oberstufe noch nicht ~~gewöhnt~~.
   Er ist die langen Klausuren in der Oberstufe noch nicht *gewohnt*.

   j. Du hättest mir ~~zumindestens~~ Bescheid sagen können.
   Du hättest mir *zumindest/mindestens* Bescheid sagen können.

Hinweis

In Texten ungeübter Schreiber kommen weitere Wortkreuzungen und Verschmelzungen ganzer Redewendungen vor. Beispiele sind:

- „Sie haben sich *gegen die neuen Regeln widersetzt*." (Mischung aus *gegen die neuen Regeln ausgesprochen* und *den neuen Regeln widersetzt*)
- „*Anlässlich zu unserem Konzert* wurde Blumenschmuck bestellt." (Mischung aus *anlässlich unseres Konzerts* und *zu unserem Konzert*)

Name: Klasse: Datum:

U	M	O
2	1	1

Stilvariante Bedeutungen eines Wortes unterscheiden

Problem

„Der Opa *säuft* Bier." – „Das Pferd *säuft* Wasser." Im ersten Satz ist das Wort *saufen* umgangssprachlich verwendet worden; es muss standardsprachlich heißen: „Der Opa *trinkt* Bier." Im zweiten Satz entspricht die Verwendung dagegen durchaus der Standardsprache. Es gibt weitere Wörter dieser Art, deren Bedeutungen sich stilistisch unterscheiden.

Lösung

Man muss lernen, verschiedene stilistische Verwendungen ein und desselben Wortes zu unterscheiden. Dazu muss man die Verwendungssituation überprüfen.

Training

1. Streiche gegebenenfalls stilistisch nicht passende Wörter durch. Ersetze sie dann durch passendere aus dem Wörtervorrat und schreibe diese auf die vorgesehene Schreiblinie.

erschöpft – explodierte – aufgelöst – Geld – im Bett – geschenkt bekommen – lange

a. Nach dem Unfall waren sie völlig fertig. ______________________

b. Sie holte Eis aus dem Kühlschrank und der Nachtisch war damit schnell fertig.

____

c. Sie besteht darauf, dass die Schränke jeden Monat abgestaubt werden.

____

d. Bei ihrem letzten Besuch bei den Großeltern hatten die Enkel jeweils 50 Euro abgestaubt.

____

e. Nach dem Marathon lag er völlig erschossen auf dem Bürgersteig. ______________________

f. In diesem Krimi wurde das Opfer ausnahmsweise erst gegen Ende erschossen.

____

g. In dieser Gegend sind die Straßen nur mit Schotter belegt. ______________________

h. Der BMW hatte eine Menge Schotter gekostet. ______________________

i. Er ging immer hoch in sein Büro, wenn es Ärger gab. ______________________

j. Die gesamte Munition im Depot ging hoch. ______________________

k. Nach der langen Autofahrt lagen sie schon früh in der Kiste. ______________________

l. Sie hatten ihm eine Kiste Wein geschenkt. ______________________

m. Sie hat lang auf ihn warten müssen. ______________________

n. Der Weg ist ziemlich lang. ______________________

Name: Klasse: Datum:

U	M	O
2	1	1

Stilvariante Bedeutungen eines Wortes unterscheiden

1. a. Nach dem Unfall waren sie völlig ~~fertig~~. **aufgelöst**
   b. Sie holte Eis aus dem Kühlschrank und der Nachtisch war damit schnell fertig.
   c. Sie besteht darauf, dass die Schränke jeden Monat abgestaubt werden.
   d. Bei ihrem letzten Besuch bei den Großeltern hatten die Enkel jeweils 50 Euro ~~abgestaubt~~. **geschenkt bekommen**
   e. Nach dem Marathon lag er völlig ~~erschossen~~ auf dem Bürgersteig. **erschöpft**
   f. In diesem Krimi wurde das Opfer ausnahmsweise erst gegen Ende erschossen.
   g. In dieser Gegend sind die Straßen nur mit Schotter belegt.
   h. Der BMW hatte eine Menge ~~Schotter~~ gekostet. **Geld**
   i. Er ging immer hoch in sein Büro, wenn es Ärger gab.
   j. Die gesamte Munition im Depot ~~ging hoch~~. **explodierte**
   k. Nach der langen Autofahrt lagen sie schon früh ~~in der Kiste~~. **im Bett**
   l. Sie hatten ihm eine Kiste Wein geschenkt.
   m. Sie hat ~~lang~~ auf ihn warten müssen. **lange**
   n. Der Weg ist ziemlich lang.

Hinweis

Die Wörter *lange* und *lang* haben unterschiedliche grammatische Funktionen:

lange	1. Adverb	Beispiel: „Er blieb lange."
	2. deklinierte Form des Adjektivs	Beispiel: „die lange Schnur"
lang	undeklinierte Form des Adjektivs	Beispiel: „Der Fluss ist lang."

Name: Klasse: Datum:

U	M	O
2	1	1

Füllselwörter vermeiden

Problem

„Ein *weißer Schimmel*." Solche Tautologien (unnötige Doppelaussagen) sollten vermieden werden. Das gilt auch für Füllselwörter wie *eigentlich* oder *quasi*, die meistens nicht in ihrer eigentlichen Funktion verwendet werden, sondern völlig sinnentleert.

Lösung

Beim Schreiben von Texten sollte man darauf achten, nur wirklich sinntragende Wörter zu verwenden, um den Lesefluss nicht zu stören.

Training

1. Prüfe die folgenden Formulierungen nach logischen Gesichtspunkten und streiche die Wörter durch, die deiner Meinung nach entbehrlich sind.

a. eine schnelle Einigung
b. die besonderen Extras
c. eine einfache Lösung
d. ein belebendes Getränk
e. das chaotische Durcheinander
f. die erste Priorität
g. eine Zukunftsprognose
h. ein wendiger Hund
i. weiter fortfahren
j. länger bleiben

2. Lies den Text aufmerksam durch. Prüfe, welche Wörter für die Satzaussage keine Bedeutung haben, und streiche diese durch.

In der echt interessanten Ballade „Nis Randers" von Otto Ernst geht es gewissermaßen um die Rettung einiger Schiffbrüchiger. Tief in der Nacht hallt voll plötzlich ein Schrei durch die Brandung. Quasi im Mondschein kann man ein Wrack erkennen; auf einer Sandbank wird es irgendwie von der Flut hin- und hergeworfen und bald geht es halt unter. Nis Randers sieht es natürlich und sagt praktisch ohne Hast, dass noch ein Mann irgendwie im Mast hänge und dass sie ihn bestimmt holen müssten. Doch seine Mutter sagt, dass er ihr halt als einziger Sohn bleibe und sie ihn eigentlich behalten wolle. Ihr Mann und ihre Söhne Uwe und Momme seien halt auch verschollen. Nis jedoch tritt auf die Brücke und fragt seine Mutter echt ruhig, was denn mit der Mutter des Schiffbrüchigen sei. Dann springt er mit sechs anderen Friesen ins Boot, und schon fahren sie gewissermaßen los. Das Boot wird von den Wellen voll wild geschaukelt. Fast wird es zerschmettert. Die Wellen sind irgendwie sehr gefährlich, doch dann ist es quasi geschafft. Der Schiffsbrüchige ist wirklich gerettet und das Boot hält landwärts. Schließlich ruft Nis, man solle seiner Mutter sagen, sie hätten Uwe, ihren Sohn, praktisch gerettet.

Name: Klasse: Datum:

U	M	O
2	1	1

Füllselwörter vermeiden

Lösungen

1. a. eine schnelle Einigung
   b. die ~~besonderen~~ Extras
   c. eine einfache Lösung
   d. ein belebendes Getränk
   e. das ~~chaotische~~ Durcheinander
   f. die ~~erste~~ Priorität
   g. eine ~~Zukunfts~~prognose
   h. ein wendiger Hund
   i. ~~weiter~~ fortfahren
   j. länger bleiben

2. In der ~~echt~~ interessanten Ballade „Nis Randers" von Otto Ernst geht es ~~gewissermaßen~~ um die Rettung einiger Schiffbrüchiger. Tief in der Nacht hallt ~~voll~~ plötzlich ein Schrei durch die Brandung. ~~Quasi~~ im Mondschein kann man ein Wrack erkennen; auf einer Sandbank wird es ~~irgendwie~~ von der Flut hin- und hergeworfen und bald geht es ~~halt~~ unter. Nis Randers sieht es ~~natürlich~~ und sagt ~~praktisch~~ ohne Hast, dass noch ein Mann ~~irgendwie~~ im Mast hänge und dass sie ihn ~~bestimmt~~ holen müssten. Doch seine Mutter sagt, dass er ihr ~~halt~~ als einziger Sohn bleibe und sie ihn ~~eigentlich~~ behalten wolle. Ihr Mann und ihre Söhne Uwe und Momme seien ~~halt~~ auch verschollen. Nis jedoch tritt auf die Brücke und fragt seine Mutter ~~echt~~ ruhig, was denn mit der Mutter des Schiffbrüchigen sei. Dann springt er mit sechs anderen Friesen ins Boot, und schon fahren sie ~~gewissermaßen~~ los. Das Boot wird von den Wellen ~~voll~~ wild geschaukelt. Fast wird es zerschmettert. Die Wellen sind ~~irgendwie~~ sehr gefährlich, doch dann ist es ~~quasi~~ geschafft. Der Schiffsbrüchige ist ~~wirklich~~ gerettet und das Boot hält landwärts. Schließlich ruft Nis, man solle seiner Mutter sagen, sie hätten Uwe, ihren Sohn, ~~praktisch~~ gerettet.

Name: Klasse: Datum:

U	M	O
3	2	2

Falsche Bezüge vermeiden (I)

Problem

„... der innere Medizinprofessor ...“ – was mag das wohl für ein Mensch sein? Oft werden Adjektive falsch auf ein Kompositum (zusammengesetztes Substantiv) bezogen. Falsche Bezüge kann es auch zwischen Präpositionen und Nomen geben. Diese treten besonders häufig bei zusammengesetzten Nomen auf.

Lösung

Man kann sich an die folgenden Regeln halten:

- Wenn Komposita mit einer Präposition verbunden werden, ist es oft notwendig, sie zu zerlegen (Beispiel: „die Übertragungsrechte nach Deutschland“ → richtig: „die Rechte zur Übertragung nach Deutschland“, da die Präposition *nach* logisch auf *Übertragung* bezogen werden muss).
- Wenn Komposita mit einem Adjektiv verbunden werden, muss man sie oft zerlegen, damit man das Adjektiv richtig zuordnen kann (das oben genannte Beispiel müsste also richtig heißen: „der Professor für Innere Medizin“).
- Die Präposition *zwischen* bezieht sich immer auf zwei Sachverhalte.

Training

1. Im Folgenden werden jeweils zwei ähnliche Sätze angeboten. Entscheide, welcher von ihnen verbessert werden muss. Markiere die falsche Formulierung und schreibe den verbesserten Satz auf.

   a. Gestern gab es einen heftigen Streit zwischen unserer Fußballmannschaft.
   Gestern gab es eine Auseinandersetzung zwischen dem Trainer und unserem Mannschaftskapitän.

   ____

   ____

   b. Meine Oma kocht gerne eine dicke Bohnensuppe.
   Das Leibgericht meiner Tante ist eine dicke Spargelcremesuppe.

   ____

   ____

   c. Das Institut für Organische Chemie wird an einen anderen Standort verlegt.
   Der anorganische Chemieprofessor hat den Nobelpreis bekommen.

   ____

   ____

   d. Die Mutter der vierköpfigen Familie ist trotz der Belastung berufstätig.
   Der siebenköpfige Familienvater brauchte auf der Fahrt in den Urlaub starke Nerven.

   ____

   ____

   e. Viele Freunde schickten mir baldige Genesungswünsche.
   Nach dem Fahrradunfall wünschten mir alle Nachbarn baldige Genesung.

   ____

   ____

Name:	Klasse:	Datum:

U	M	O
3	2	2

Falsche Bezüge vermeiden (I)

Lösungen

1. a. Gestern gab es einen heftigen Streit zwischen unserer Fußballmannschaft.
Gestern gab es eine Auseinandersetzung zwischen dem Trainer und unserem Mannschaftskapitän. (richtig)
Mögliche Lösungen:
Gestern gab es einen heftigen Streit *in* unserer Fußballmannschaft./Gestern gab es einen heftigen Streit zwischen *Mitgliedern* unserer Fußballmannschaft. (Bei der Präposition *zwischen* müssen mehrere Personen genannt werden.)

b. Meine Oma kocht gerne eine dicke Bohnensuppe.
Das Leibgericht meiner Tante ist eine dicke Spargelcremesuppe. (richtig)
Mögliche Lösung:
Meine Oma kocht gerne eine *Dicke-Bohnen-Suppe*. (Die Bohnen sind dick, nicht die Suppe.)

c. Das Institut für Organische Chemie wird an einen anderen Standort verlegt. (richtig)
Der anorganische Chemieprofessor hat den Nobelpreis bekommen.
Mögliche Lösung:
Der *Professor für Anorganische Chemie* hat den Nobelpreis bekommen. (Die Chemie ist anorganisch, nicht der Professor.)

d. Die Mutter der vierköpfigen Familie ist trotz der Belastung berufstätig. (richtig)
Der siebenköpfige Familienvater brauchte auf der Fahrt in den Urlaub starke Nerven.
Mögliche Lösung:
Der *Vater der siebenköpfigen Familie* brauchte auf der Fahrt in den Urlaub starke Nerven. (Die Familie ist siebenköpfig, nicht der Vater.)

e. Viele Freunde schickten mir baldige Genesungswünsche.
Nach dem Fahrradunfall wünschten mir alle Nachbarn baldige Genesung. (richtig)
Mögliche Lösung:
Viele Freunde schickten mir *Wünsche zur baldigen Genesung*. (Nicht die Wünsche sind baldig, sondern die Genesung ist baldig.)

Name: Klasse: Datum:

U	M	O
3	2	2

Falsche Bezüge vermeiden (II)

Training

1. Im Folgenden werden falsche Sätze angeboten. Notiere Präpositionen, die nach den angegebenen Nomen möglich sind. Verbessere dann den Satz so, dass die Bezüge eindeutig sind.

   a. Sie sucht für jeden zweiten Freitag im Monat eine Mitfahrgelegenheit nach Berlin.

   Mitfahrt → Mögliche Präpositionen: ______

   Gelegenheit → Mögliche Präpositionen: ______

   Richtiger Satz: ______

   b. Hier soll ein Hinweisschild auf Krötenwanderung aufgestellt werden.

   Hinweis → Mögliche Präpositionen: ______

   Schild → Mögliche Präpositionen: ______

   Richtiger Satz: ______

   c. In ihrer Journalistenausbildung haben sie die Gesprächstechnik mit Prominenten gelernt.

   Gespräch → Mögliche Präpositionen: ______

   Technik → Mögliche Präpositionen: ______

   Richtiger Satz: ______

   d. Jedes Wochenende beschäftigte er sich im Internet mit der Kontaktsuche zu anderen Personen.

   Kontakt → Mögliche Präpositionen: ______

   Suche → Mögliche Präpositionen: ______

   Richtiger Satz: ______

   e. Die Verkehrshinweise nach Österreich sind heute für Urlauber nicht erfreulich.

   Verkehr → Mögliche Präpositionen: ______

   Hinweis → Mögliche Präpositionen: ______

   Richtiger Satz: ______

Falsche Bezüge vermeiden (II)

Lösungen

1. a. Sie sucht für jeden zweiten Freitag im Monat eine Mitfahrgelegenheit nach Berlin.
   Mitfahrt → Mögliche Präpositionen: **nach**
   Gelegenheit → Mögliche Präpositionen: **für, zu**
   Richtiger Satz: **Sie sucht für jeden zweiten Freitag im Monat *eine Gelegenheit zur Mitfahrt nach Berlin*.**

   b. Hier soll ein Hinweisschild auf Krötenwanderung aufgestellt werden.
   Hinweis → Mögliche Präpositionen: **zu, auf**
   Schild → Mögliche Präpositionen: **mit, zu**
   Richtiger Satz: **Hier soll *ein Schild mit dem Hinweis auf Krötenwanderung* aufgestellt werden.**

   c. In ihrer Journalistenausbildung haben sie die Gesprächstechnik mit Prominenten gelernt.
   Gespräch → Mögliche Präpositionen: **mit, über**
   Technik → Mögliche Präpositionen: **für**
   Richtiger Satz: **In ihrer Journalistenausbildung haben sie *die Technik für Gespräche mit Prominenten* gelernt.**

   d. Jedes Wochenende beschäftigte er sich im Internet mit der Kontaktsuche zu anderen Personen.
   Kontakt → Mögliche Präpositionen: **zu**
   Suche → Mögliche Präpositionen: **nach**
   Richtiger Satz: **Jedes Wochenende beschäftigte er sich im Internet mit *der Suche nach Kontakten zu anderen Personen*.**

   e. Die Verkehrshinweise nach Österreich sind heute für Urlauber nicht erfreulich.
   Verkehr → Mögliche Präpositionen: **nach, in**
   Hinweis → Mögliche Präpositionen: **zu, auf**
   Richtiger Satz: ***Die Hinweise zum Verkehr nach Österreich* sind heute für Urlauber nicht erfreulich.**

Name: Klasse: Datum:

U	M	O
3	2	1

Überdehnte Verbklammern vermeiden

Problem

„Er *schließt* einen Ehevertrag mit seiner langjährigen Freundin, die er vor Jahren in Italien kennengelernt hat, *aus*." Bei diesem Satz ergibt sich für den Leser das Problem, dass er zunächst der Logik des Satzanfangs folgt und annimmt, dass der Mann einen Ehevertrag abschließt. Überraschenderweise wird durch das allerletzte Wort im Satz jedoch das Gegenteil ausgesagt, sodass der Leser die bereits abgespeicherten Informationen löschen muss. Ein Simultanübersetzer hätte bei einem solchen Satz große Probleme, der Aussage zu folgen.

Lösung

Wesentliche, durch das Verb getragene Informationen sollten in einem Satz möglichst gebündelt am Satzanfang vermittelt werden. Dazu zählen z. B. Präpositionen aus zusammengesetzten Verben (vergleiche die Präposition *aus* im Beispiel oben) oder Verneinungen mit *nicht*. Diese für das Verständnis des Gesamtsatzes wichtigen Informationen sollten möglichst nah beim sinntragendenen Hauptverb des Satzes stehen.

Um eine logisch geordnete Sinnentnahme zu ermöglichen, ist es oft ratsam, Teile der Satzinformation in einen Nebensatz oder einen erweiterten Infinitiv auszulagern.

Training

1. Unterstreiche in den folgenden Sätzen das Hauptverb am Satzanfang sowie ein wichtiges weiteres Wort, das direkt mit dem Verb zusammenhängt und das irritierenderweise ans Satzende geraten ist. Formuliere die Sätze anschließend leserfreundlich um und schreibe sie auf ein gesondertes Blatt.
   a. Der Mann leugnet seine Beteiligung an dem folgenschweren Unfall, bei dem zwei Menschen schwer verletzt worden sind, nicht.
   b. Einige Schüler schlugen den schmächtigen Stefan, der gerade von einer anderen Schule zu ihnen gewechselt war, als Klassensprecher vor.
   c. Mein Freund befürwortet die Klassenfahrt in die Jugendherberge, die eine ganze Reihe von Erlebnissportmöglichkeiten anbietet, keineswegs, weil er nicht gerne Sport treibt.
   d. Der Schülerrat hat den Vorschlag zur Errichtung einer neuen Torwand im hinteren Teil des Schulhofs, der besonders von jüngeren Schülerinnen und Schülern genutzt wird, mit Mehrheit abgelehnt.
   e. Durch die Neuregelung soll die Vermüllung von Gängen in den großen Pausen durch Schülerinnen und Schüler, die in der Cafeteria verschiedene Snacks und Getränke gekauft haben und diese auf dem Weg zu ihren Klassenräumen verzehren, vermieden werden.
   f. Am Telefon sagten sie der Gastgeberin, die schon Wochen zuvor Einladungen für eine vielversprechende Party verschickt hatte, aufgrund einer Magenverstimmung ab.
   g. Der bei der Belegschaft nicht immer beliebte Chef kündigte seinen hundert Angestellten aufgrund der Umbaumaßnahmen im Unternehmen verlängerte Betriebsferien an.

Name: Klasse: Datum:

U	M	O
3	2	1

Überdehnte Verbklammern vermeiden

Lösungen

1. a. Der Mann leugnet seine Beteiligung an dem folgenschweren Unfall, bei dem zwei Menschen schwer verletzt worden sind, nicht.
   Der Mann *leugnet nicht* seine Beteiligung an dem folgenschweren Unfall, bei dem zwei Menschen schwer verletzt worden sind.

   b. Einige Schüler schlugen den schmächtigen Stefan, der gerade von einer anderen Schule zu ihnen gewechselt war, als Klassensprecher vor.
   Einige Schüler *schlugen vor*, den schmächtigen Stefan als Klassensprecher zu wählen, der gerade von einer anderen Schule zu ihnen gewechselt war.

   c. Mein Freund befürwortet die Klassenfahrt in die Jugendherberge, die eine ganze Reihe von Erlebnissportmöglichkeiten anbietet, keineswegs, weil er nicht gerne Sport treibt.
   Mein Freund *befürwortet keineswegs* die Klassenfahrt in die Jugendherberge, die eine ganze Reihe von Erlebnissportmöglichkeiten anbietet, weil er nicht gerne Sport treibt.

   d. Der Schülerrat hat den Vorschlag zur Errichtung einer neuen Torwand im hinteren Teil des Schulhofs, der besonders von jüngeren Schülerinnen und Schülern genutzt wird, mit Mehrheit abgelehnt.
   Mit Mehrheit *hat* der Schülerrat den Vorschlag *abgelehnt*, im hinteren Teil des Schulhofs, der besonders von jüngeren Schülerinnen und Schülern genutzt wird, eine neue Torwand zu errichten.

   e. Durch die Neuregelung soll die Vermüllung von Gängen in den großen Pausen durch Schülerinnen und Schüler, die in der Cafeteria verschiedene Snacks und Getränke gekauft haben und diese auf dem Weg zu ihren Klassenräumen verzehren, vermieden werden.
   Durch die Neuregelung *soll vermieden werden*, dass die Gänge in den großen Pausen durch Schülerinnen und Schüler vermüllt werden, die in der Cafeteria verschiedene Snacks und Getränke gekauft haben und diese auf dem Weg zu ihren Klassenräumen verzehren.

   f. Am Telefon sagten sie der Gastgeberin, die schon Wochen zuvor Einladungen für eine vielversprechende Party verschickt hatte, aufgrund einer Magenverstimmung ab.
   Aufgrund einer Magenverstimmung *sagten* sie am Telefon der Gastgeberin *ab*, die schon Wochen zuvor Einladungen für eine vielversprechende Party verschickt hatte.

   g. Der bei der Belegschaft nicht immer beliebte Chef kündigte seinen hundert Angestellten aufgrund der Umbaumaßnahmen im Unternehmen verlängerte Betriebsferien an.
   Der bei der Belegschaft nicht immer beliebte Chef *kündigte* seinen hundert Angestellten *an*, dass aufgrund der Umbaumaßnahmen im Unternehmen die Betriebsferien verlängert werden.

Info

Die Länge von Sätzen ist in der europäischen Kulturgeschichte sehr unterschiedlich bewertet worden, was auch zu einer entsprechenden Praxis führte: „Während die Anzahl der Wörter in einem geschriebenen Satz im 17. Jahrhundert noch durchschnittlich 36,3 Wörter betrug, waren es im 18. Jahrhundert 26,2 Wörter, in der ersten Hälfte des 19. Jahrhunderts 30,3 Wörter, in der zweiten Hälfte 23,4 Wörter und im 20. Jahrhundert schließlich nur noch 19,3“ (Mackowiak, Klaus: Die häufigsten Stilfehler im Deutschen und wie man sie vermeidet. München 2011: C.H. Beck, S. 93). Seit dem Barockzeitalter hat sich die durchschnittliche Länge eines deutschen Satzes also nahezu halbiert.

Name: Klasse: Datum:

U	M	O
3	2	1

Nominalstil und spröde bürokratische Sprache vermeiden

Problem

„Die Verteidigung der Fehlleistung des Torwarts nach der Niederlage durch den Trainer war nicht überzeugend.“ Oder: „Der Trainer verteidigte den Torwart, der durch seine Fehlleistung die Niederlage verursacht hatte. Das war nicht überzeugend.“ Ein nominalistischer Stil, also eine Aussage, in der es sehr viele Nomen, aber kaum sinntragende Verben gibt, ist nicht leserfreundlich (vergleiche erster Satz).

Lösung

In einer Aussage sollten Nomen und Verben in einem ausgewogenen Verhältnis zueinander stehen. Dabei sollte man besonders darauf achten, dass die Verben aussagekräftig sind. Vermieden werden sollten außerdem eher bürokratische Formulierungen wie „zur Anwendung kommen“ oder „nach Feststellung der Personalien“.

Training

1. Verbessere die folgenden Sätze stilistisch, indem du die unterstrichenen Nomen durch Verben ersetzt. Dabei musst du die Sätze zum Teil leicht umformulieren. Schreibe die verbesserten Sätze auf ein gesondertes Blatt.
   a. Trotz der Vorbereitung der Klausur in Form mehrerer Übungsphasen gelang das Erreichen einer guten Note nur wenigen Schülern.
   b. Nach Fertigstellung der Plakate konnte mit der Präsentation der Arbeitsergebnisse der Gruppen unmittelbar begonnen werden.
   c. Aufgrund einer Ablösung einer Treppenplatte sah der Hausmeister die Gewährleistung der Sicherheit der Schüler nicht als gegeben an.
   d. Entgegen Peters Hoffnung auf Erfüllung des Wunsches nach Versetzung in die Klasse 9 bekam er die Mitteilung der Nichtversetzung.

2. Ersetze auch in den folgenden Sätzen die unterstrichenen Nomen durch passende Verben. Setze außerdem für wenig sinntragende Verben wie *sein*, *erfolgen* oder *stattfinden* ausdrucksstärkere Verben ein. Schreibe die verbesserten Sätze auf ein gesondertes Blatt.
   a. Die Einweihung der neuen Schule fand gestern statt.
   b. Der Klassenbuchführer ist der Garant für die Vollständigkeit der Eintragung aller Angaben im Klassenbuch durch die Lehrer.
   c. Beim Eintreten des Lehrers war das Geschrei der Schüler in der Klasse aufgrund des Herumfliegens einer Biene ohrenbetäubend.
   d. Das Zusperren eines Klassenzimmers von innen durch Aufstellung von Möbelstücken unter der Türklinke durch die Schüler fand vor der dritten Stunde statt.
   e. Nach einer längeren Information der Klasse über die Neuzusammensetzung der Klassen 7 durch den Klassenlehrer war die Solidarität aller gegen diese Entscheidung sehr groß.
   f. Die Rückgabe der Klausur des Leistungskurses erfolgte gestern.

Name: Klasse: Datum:

U	M	O
3	2	1

Nominalstil und spröde bürokratische Sprache vermeiden

Lösungen

1. a. Trotz der Vorbereitung der Klausur in Form mehrerer Übungsphasen gelang das Erreichen einer guten Note nur wenigen Schülern.
   Obwohl die Klausur in Form mehrerer Übungsphasen vorbereitet worden war, erreichten nur wenige Schüler eine gute Note.

   b. Nach Fertigstellung der Plakate konnte mit der Präsentation der Arbeitsergebnisse der Gruppen unmittelbar begonnen werden.
   Unmittelbar nachdem die Plakate fertiggestellt worden waren, konnten die Arbeitsergebnisse der Gruppen präsentiert werden.

   c. Aufgrund einer Ablösung einer Treppenplatte sah der Hausmeister die Gewährleistung der Sicherheit der Schüler nicht als gegeben an.
   Da sich eine Treppenplatte abgelöst hatte, meinte der Hausmeister, dass die Sicherheit der Schüler nicht mehr gewährleistet werden könne.

   d. Entgegen Peters Hoffnung auf Erfüllung des Wunsches nach Versetzung in die Klasse 9 bekam er die Mitteilung der Nichtversetzung.
   Obwohl Peter gehofft hatte, dass sich sein Wunsch erfülle, in die Klasse 9 versetzt zu werden, bekam er die Mitteilung, dass er nicht versetzt sei.

2. a. Die Einweihung der neuen Schule fand gestern statt.
   Die neue Schule wurde gestern eingeweiht.

   b. Der Klassenbuchführer ist der Garant für die Vollständigkeit der Eintragung aller Angaben im Klassenbuch durch die Lehrer.
   Der Klassenbuchführer garantiert dafür, dass die Lehrer alle Angaben vollständig im Klassenbuch eintragen.

   c. Beim Eintreten des Lehrers war das Geschrei der Schüler in der Klasse aufgrund des Herumfliegens einer Biene ohrenbetäubend.
   Als der Lehrer eintrat, schrien die Schüler ohrenbetäubend, weil eine Biene in der Klasse herumflog.

   d. Das Zusperren eines Klassenzimmers von innen durch Aufstellung von Möbelstücken unter der Türklinke durch die Schüler fand vor der dritten Stunde statt.
   Vor der dritten Stunde sperrten die Schüler das Klassenzimmer von innen zu, indem sie Möbelstücke unter der Türklinke aufstellten.

   e. Nach einer längeren Information der Klasse über die Neuzusammensetzung der Klassen 7 durch den Klassenlehrer war die Solidarität aller gegen diese Entscheidung sehr groß.
   Nachdem die Klasse durch den Klassenlehrer darüber informiert worden war, dass die Klassen 7 neu zusammengesetzt werden, solidarisierten sich alle sehr stark gegen diese Entscheidung.

   f. Die Rückgabe der Klausur des Leistungskurses erfolgte gestern.
   Die Klausur des Leistungskurses wurde gestern zurückgegeben.

Name: Klasse: Datum:

U	M	O
3	2	1

Überkomplexe Schachtelsätze vermeiden

Problem

„Die Tür konnte, weil das Haus, wenn es – wie in diesem Fall – …" Sätze, die so anfangen, enden bei vielen Schreibern im Chaos. Auch wenn sie syntaktisch korrekt konstruiert sind, sind sie oft so unübersichtlich, dass ein Leser sie mehrmals lesen muss, um den Sinn zu erfassen.

Lösung

Außer in juristischen Texten und sonstigen Verlautbarungen, in denen eine hochkomplexe Syntax zum beruflichen Standard zu gehören scheint, sollten überkomplexe Schachtelsätze vermieden werden. Möglich ist dies, indem man einen komplexen Gedanken in mehreren unabhängigen Satzgefügen bzw. Sätzen mitteilt.

Training

1. Entzerre die folgenden Satzgefüge, indem du sie in mehrere Hauptsätze bzw. Satzgefüge auflöst. Schreibe die Lösungen auf ein gesondertes Blatt.

   a. Natürlich ohne Vorankündigung fand gestern, nachdem die Abiturientinnen und Abiturienten zu ihren Prüfungen zugelassen worden waren, auf dem Schulhof, der dafür eigens mit einem Bühnenwagen ausgestattet worden war, unter Anwesenheit von etwa 300 Schülerinnen und Schülern der Abistreich statt.

   b. Unvergessen bleibt die spektakuläre Vorführung einiger Lehrer in Form eines Spiels, bei dem die von dem Moderator auf die Bühne geholten „Opfer", nachdem ihnen die Arme auf dem Rücken zusammengebunden worden waren, um eine Torte herumsitzend, diese, ohne ein Besteck benutzen zu können, aufessen mussten.

   c. Wegen des sehr günstigen sommerlichen Wetters, das für gute Stimmung sorgte, blieb in diesem Jahr entgegen den Erfahrungen der letzten Jahre eine besonders große Anzahl von Schülerinnen und Schülern, die sonst mit der Ausrede, ihre Kleidung sei bei Spielformaten mit Einsatz von Wasser durchnässt worden, während der weiteren spektakulären Aktionen auf dem Schulhof.

   d. Nachdem gegen 11.30 Uhr, als die letzte Bühnenaktion beendet war und die Abiturientinnen und Abiturienten wegen Übernächtigung sowieso kaum noch auf den Beinen stehen konnten, der Unterricht begonnen werden sollte, stellte sich heraus, dass ein Großteil der Schüler, obwohl dies offiziell untersagt worden war, in den Klassenräumen, die am Morgen durch Luftballonberge unzugänglich gemacht worden waren, nun aber wieder zugänglich waren, nicht eintraf.

   e. Wenig erfreulich war, dass um diese Zeit, weil einige Schüler bereits zu Hause eingetroffen waren, sich im Sekretariat der Schule, das an diesem Tag wegen einer Grippe der zweiten Sekretärin leider nur mit einer Person besetzt war, mehrere Eltern, die ihre Kinder nicht so früh erwartet hatten, meldeten und lautstark, sodass die Sekretärin sofort die Schulleiterin herbeirief, Beschwerde einlegten gegen die Tatsache, dass die Schule, obwohl es doch normalerweise eine verlässliche Betreuung ihrer Kinder in der Schule gebe, dieser Pflicht diesmal nicht nachgekommen sei.

Name: Klasse: Datum:

U	M	O
3	2	1

Überkomplexe Schachtelsätze vermeiden

Lösungen

1. Mögliche Lösungen:

a. Nachdem die Abiturientinnen und Abiturienten zu ihren Prüfungen zugelassen worden waren, fand gestern – natürlich ohne Vorankündigung – auf dem Schulhof der Abistreich statt. Der Schulhof war dafür eigens mit einem Bühnenwagen ausgestattet worden. Etwa 300 Schülerinnen und Schüler waren anwesend.

b. Unvergessen bleibt die spektakuläre Vorführung einiger Lehrer in Form eines Spiels. Die „Opfer", die von dem Moderator auf die Bühne geholt worden waren, bekamen die Arme auf dem Rücken zusammengebunden und mussten sich um eine Torte herumsetzen. Ohne ein Besteck benutzen zu können, mussten sie diese dann aufessen.

c. In diesem Jahr blieb entgegen den Erfahrungen der letzten Jahre eine besonders große Anzahl von Schülerinnen und Schülern während der weiteren spektakulären Aktionen auf dem Schulhof. Ein Grund war das sehr günstige sommerliche Wetter, das für gute Stimmung sorgte. Sonst hatten Schülerinnen und Schüler häufig die Ausrede, ihre Kleidung sei bei Spielformaten mit Einsatz von Wasser durchnässt worden.

d. Gegen 11.30 Uhr war die letzte Bühnenaktion beendet und die Abiturientinnen und Abiturienten konnten wegen Übernächtigung sowieso kaum noch auf den Beinen stehen. Als dann der Unterricht begonnen werden sollte, stellte sich heraus, dass ein Großteil der Schüler nicht in den Klassenräumen eintraf, obwohl dies offiziell untersagt worden war. Die Klassenräume waren nun wieder zugänglich, nachdem sie am Morgen durch Luftballonberge unzugänglich gemacht worden waren.

e. Weil einige Schüler bereits zu Hause eingetroffen waren, meldeten sich mehrere Eltern, die ihre Kinder nicht so früh erwartet hatten, um diese Zeit im Sekretariat der Schule. Dieses war an diesem Tag wegen einer Grippe der zweiten Sekretärin leider nur mit einer Person besetzt. Wenig erfreulich war, dass die Eltern sich so lautstark beschwerten, dass die Sekretärin sofort die Schulleiterin herbeirief. Die Eltern legten Beschwerde ein gegen die Tatsache, dass die Schule ihrer Pflicht diesmal nicht nachgekommen sei, ihre Kinder verlässlich zu betreuen.

Name: Klasse: Datum:

U	M	O
	2	1

Englische Konstruktionen nicht unbedacht übernehmen

Problem

„*Einmal mehr* hatte die Regierung keine Lösung für den Notstand." Solche Konstruktionen mögen als modisch gelten, in stilistischer Hinsicht sind sie jedoch eher problematisch. Gemeint ist hier: „*Schon wieder* hatte …" Die Redewendung entsteht dadurch, dass eine entsprechende englische Wendung *(once more)* Wort für Wort ins Deutsche übertragen wird, ohne dass über die Sinnhaftigkeit der dadurch entstehenden Formulierung nachgedacht wird.

Lösung

Wer Texte sprachsensibel gestalten möchte, sollte Redewendungen nicht einfach Wort für Wort aus dem Englischen übernehmen, sondern bei muttersprachlichen Formulierungen bleiben. Das gilt besonders für Redewendungen, die grammatische Aspekte berühren.

Training

1. **Erster Schritt:** Streiche in den Sätzen a bis h Redewendungen durch, die aus dem Englischen übernommen worden sind. Orientiere dich dabei an der Zusammenstellung englischer Sätze in dem Kasten.
Zweiter Schritt: Schreibe die Sätze dann neu auf die Linie. Vermeide dabei die Redewendungen, die unbedacht aus dem Englischen übernommen worden sind, und ersetze sie durch muttersprachliche.

In 2001 his second daughter was born.	Let's hear it *once more*.
That does not *make sense*.	He has been living here *for two months*.
In the pages 5–7 we find some more details.	I like California's *coastline*.
The German team is *in front*.	Okay, I *see your point*.

a. Für zwei Monate hat er sich in Südafrika aufgehalten.

____

b. Der Erste Weltkrieg war in 1918 glücklicherweise beendet.

____

c. Es macht Sinn, vor einer Klassenarbeit noch einmal alles zu wiederholen.

____

d. Einmal mehr war er nicht gut auf seine Frau zu sprechen.

____

e. In den Seiten 23–27 wird die Hauptfigur genau charakterisiert.

____

f. Die deutsche Küstenlinie der Nordsee ist ökologisch sehr interessant.

____

g. Seit zehn Minuten liegt die gegnerische Mannschaft in Front.

____

h. Den Punkt von dir kann ich nachvollziehen, trotzdem finde ich meine Argumente überzeugender.

____

Name: Klasse: Datum:

U	M	O
	2	1

Englische Konstruktionen nicht unbedacht übernehmen

Lösungen

1. a. ~~Für zwei Monate~~ hat er sich in Südafrika aufgehalten.
Zwei Monate lang hat er sich in Südafrika aufgehalten.

   b. Der Erste Weltkrieg war ~~in 1918~~ glücklicherweise beendet.
Der Erste Weltkrieg war *1918/im Jahr 1918* glücklicherweise beendet.

   c. ~~Es macht Sinn~~, vor einer Klassenarbeit noch einmal alles zu wiederholen.
Es ist sinnvoll/Es ergibt Sinn/Es hat Sinn, vor einer Klassenarbeit noch einmal alles zu wiederholen.

   d. ~~Einmal mehr~~ war er nicht gut auf seine Frau zu sprechen.
Wieder einmal/Noch einmal war er nicht gut auf seine Frau zu sprechen.

   e. ~~In den Seiten~~ 23-27 wird die Hauptfigur genau charakterisiert.
Auf den Seiten 23-27 wird die Hauptfigur genau charakterisiert.

   f. Die deutsche ~~Küstenlinie~~ der Nordsee ist ökologisch sehr interessant.
Die deutsche *Küste* der Nordsee ist ökologisch sehr interessant.

   g. Seit zehn Minuten liegt die gegnerische Mannschaft ~~in Front~~.
Seit zehn Minuten liegt die gegnerische Mannschaft *in Führung*.

   h. ~~Den Punkt von dir~~ kann ich nachvollziehen, trotzdem finde ich meine Argumente überzeugender.
Deine Argumentation kann ich nachvollziehen, trotzdem finde ich meine Argumente überzeugender.